رمزنگاری

Encryption

Keyvan AMINI

تقدیم به همسر عزیزم لیلا

تعداد صفحه : ۸۶
نویسنده : کیوان امینی
سال انتشار : ۲۰۱۴
LULU.COM : انتشارات
نوبت انتشار: چاپ اول
ایسبن ۹۷۸ـ۱ـ۳۱۲ـ۱۲۴۸۵ـ۱

PAGES : 86

AUTHOR : KEYVAN AMINI

PUBLISHED YEAR : 2014

PUBLISHER : LULU .COM

FIRST EDITION

ISBN 978-1-312-12485-1

مقدمات رمزنگاري

رمزگذاري يعني تبديل اطلاعات به يك شكل غير قابل فهم و انتقال آن و سپس برگرداندن اطلاعات رمز شده به حالت اوليه و قابل خواندن. عناصر مهمي كه در رمزگذاري مورد استفاده قرار ميگيرند به شرح زير ميباشد:

۱ـ معرفي و اصطلاحات

رمزنگاري علم كدها و رمزهاست. يك هنر قديمي است و براي قرنها بمنظور محافظت از پيغامهايي كه بين فرماندهان، جاسوسان، عشاق و ديگران ردوبدل ميشده، استفاده شده است تا پيغامهاي آنها محرمانه بماند.

هنگامي كه با امنيت ديتا سروكار داريم، نياز به اثبات هويت فرستنده و گيرنده پيغام داريم و در ضمن بايد از عدم تغيير محتواي پيغام مطمئن شويم. اين سه موضوع يعني محرمانگي، تصديق هويت و جامعيت در قلب امنيت ارتباطات ديتاي مدرن قرار دارند و ميتوانند از رمزنگاري استفاده كنند.

اغلب اين مساله بايد تضمين شود كه يك پيغام فقط ميتواند توسط كساني خوانده شود كه پيغام براي آنها ارسال شده است و ديگران اين اجازه را ندارند. روشي كه تامين كننده اين مساله باشد "رمزنگاري" نام دارد. رمزنگاري هنر نوشتن بصورت رمز است بطوريكه هيچكس بغير از دريافت كننده موردنظر نتواند محتواي پيغام را بخواند.

رمزنگاري مخففها و اصطلاحات مخصوص به خود را دارد. براي درك عميقتر به مقداري از دانش رياضيات نياز است. براي محافظت از ديتاي اصلي (كه بعنوان plaintext شناخته ميشود)، آنرا با استفاده از يك كليد (رشتهاي محدود از بيتها) بصورت رمز در ميآوريم تا كسي كه ديتاي حاصله را ميخواند قادر به درك آن نباشد. ديتاي رمزشده (كه بعنوان ciphertext شناخته ميشود) بصورت يك سري بيمعني از بيتها بدون داشتن رابطه مشخصي با ديتاي اصلي بنظر ميرسد. براي حصول متن اوليه دريافتكننده آنرا رمزگشايي ميكند. يك شخص ثالث (مثلا يك هكر) ميتواند براي اينكه بدون دانستن كليد به ديتاي اصلي دست يابد، كشف رمزنوشته (cryptanalysis) كند. بخاطرداشتن وجود اين شخص ثالث بسيار مهم است.

رمزنگاري دو جزء اصلي دارد، يك الگوريتم و يك كليد. الگوريتم يك مبدل يا فرمول رياضي است. تعداد كمي الگوريتم قدرتمند وجود دارد كه بيشتر آنها بعنوان استانداردها يا مقالات رياضي منتشر شدهاند. كليد، يك رشته از ارقام دودويي (صفر و يك) است كه بخوديخود بي

معني است. رمزنگاري مدرن فرض مي‌كند كه الگوريتم شناخته شده است يا مي‌تواند كشف شود. كليد است كه بايد مخفي نگاه داشته شود و كليد است كه در هر مرحله پياده‌سازي تغيير مي‌كند. رمزگشايي ممكن است از همان جفت الگوريتم و كليد يا جفت متفاوتي استفاده كند.

ديتاي اوليه اغلب قبل از رمزشدن بازچيني مي‌شود؛ اين عمل عموما بعنوان scrambling شناخته مي‌شود. بصورت مشخص‌تر، hash function ها بلوكي از ديتا را (كه مي‌تواند هر اندازه اي داشته باشد) به طول از پيش مشخص‌شده كاهش مي‌دهد. البته ديتاي اوليه نمي‌تواند از hashed value بازسازي شود. Hash function ها اغلب بعنوان بخشي از يك سيستم تاييد هويت مورد نياز هستند؛ خلاصه‌اي از پيام (شامل مهمترين قسمتها مانند شماره پيام، تاريخ و ساعت، و نواحي مهم ديتا) قبل از رمزنگاري خود پيام، ساخته و hash مي‌شود.

1-1   يک چک تاييد پيام (Check Message Authentication) يا MAC

يک الگوريتم ثابت با توليد يک امضاء برروي پيام با استفاده از يک كليد متقارن است. هدف آن نشان دادن اين مطلب است كه پيام بين ارسال و دريافت تغيير نكرده است. هنگامي كه رمزنگاري توسط كليد عمومي براي تاييد هويت فرستنده پيام استفاده مي‌شود، منجر به ايجاد امضاي ديجيتال (digital signature) مي‌شود.

2-1   Public Key يا كليد عمومي اعداد يا كلماتي كه با يك شخص يا سازمان در ارتباط مي‌باشد. كليد عمومي جزئي از جفت كليد عمومي/خصوصي مي‌باشد و به صورت عمومي در دسترس كساني كه قصد انتقال اطلاعات رمز شده را دارند، مي‌باشد.

3-1   Private Key يا كليد خصوصي اعداد يا كلماتي كه با يك شخص يا سازمان در ارتباط مي‌باشد. كليد خصوصي جزئي از جفت كليد عمومي/خصوصي مي‌باشد. كليد خصوصي فقط در دسترس مالك جفت كليد عمومي/خصوصي مي‌باشد و براي بازگشايي اطلاعاتي كه توسط كليد عمومي رمزگذاري شده استفاده مي‌شود.

4-1   ايجادكننده هاي جفت كليد براي ايجاد يك جفت كليد عمومي و خصوصي طبق يك الگوريتم رمزگذاري مشخص استفاده مي‌شود.

5-1   Key Factories براي تبديل كليد هاي نامشخص به كليدهاي مشخص به كار مي‌رود.

6-1   Keystores بانكي كه براي مديريت تعدادي از كليد ها به كار مي‌رود.

7-1 الگوريتم هاي رمزگذاري الگوريتم ها و روشهايي كه براي رمزگذاري اطلاعات به كار مي‌رود. RSA و DES نام دو تا از معروفترين الگوريتم ها مي‌باشد.

۲ - الگوریتم‌ها

طراحي الگوريتمهاي رمزنگاري مقوله‌اي براي متخصصان رياضي است. طراحان سيستمهايي كه در آنها از رمزنگاري استفاده مي‌شود، بايد از نقاط قوت و ضعف الگوريتمهاي موجود مطلع باشند و براي تعيين الگوريتم مناسب قدرت تصميم‌گيري داشته باشند. اگرچه رمزنگاري از اولين كارهاي شانون (Shannon) در اواخر دهه ۴۰ و اوايل دهه ۵۰ بشدت پيشرفت كرده است، اما كشف رمز نيز پابه‌پاي رمزنگاري به پيش آمده است و الگوريتمهاي كمي هنوز با گذشت زمان ارزش خود را حفظ كرده‌اند. بنابراين تعداد الگوريتمهاي استفاده شده در سيستمهاي كامپيوتري عملي و در سيستمهاي برپايه كارت هوشمند بسيار كم است.

۱-۲ سيستمهاي كليد متقارن

يک الگوريتم متقارن از يک كليد براي رمزنگاري و رمزگشايي استفاده مي‌كند. بيشترين شكل استفاده از رمزنگاري كه در كارتهاي هوشمند و البته در بيشتر سيستمهاي امنيت اطلاعات وجود دارد data encryption algorithm يا DEA است كه بيشتر بعنوان DES شناخته مي شود. DES يک محصول دولت ايالات متحده است كه امروزه بطور وسيعي بعنوان يک استاندارد بين‌المللي شناخته مي‌شود. بلوكهاي ۶۴بيتي ديتا توسط يک كليد تنها كه معمولا ۵۶بيت طول دارد، رمزنگاري و رمزگشايي مي‌شوند. DES از نظر محاسباتي ساده است و براحتي مي‌تواند توسط پردازنده‌هاي كند (بخصوص آنهايي كه در كارتهاي هوشمند وجود دارند) انجام گيرد.

اين روش بستگي به مخفي‌بودن كليد دارد. بنابراين براي استفاده در دو موقعيت مناسب است: هنگامي كه كليدها مي‌توانند به يک روش قابل اعتماد و امن توزيع و ذخيره شوند يا جايي كه كليد بين دو سيستم مبادله مي‌شوند كه قبلا هويت يكديگر را تاييد كرده‌اند عمر كليدها بيشتر از مدت تراكنش طول نمي‌كشد. رمزنگاري DES عموما براي حفاظت ديتا از شنود در طول انتقال استفاده مي‌شود.

كليدهاي ۴۰ DESبيتي امروزه در عرض چندين ساعت توسط كامپيوترهاي معمولي شكسته مي‌شوند و بنابراين نبايد براي محافظت از اطلاعات مهم و با مدت طولاني اعتبار استفاده شود. كليد ۵۶بيتي عموما توسط سخت‌افزار يا شبكه‌هاي بخصوصي شكسته مي‌شوند. رمزنگاري

DESسه‌تايي عبارتست از كدكردن ديتاي اصلي با استفاده از الگوريتم DES كه در سه مرتبه انجام مي‌گيرد. (دو مرتبه با استفاده از یک كليد به سمت جلو (رمزنگاري) و یک مرتبه به سمت عقب (رمزگشايي) با یک كليد ديگر) مطابق شكل زير:

اين عمل تاثير دوبرابر كردن طول مؤثر كليد را دارد؛ بعدا خواهيم ديد كه اين یک عامل مهم در قدرت رمزكنندگي است.

الگوريتمهاي استاندارد جديدتر مختلفي پيشنهاد شده‌اند. الگوريتمهايي مانند Blowfish و IDEA براي زماني مورد استفاده قرار گرفته‌اند اما هيچكدام پياده‌سازي سخت‌افزاري نشدند بنابراين بعنوان رقيبي براي DES براي استفاده در كاربردهاي ميكروكنترلي مطرح نبوده‌اند. پروژه استاندارد رمزنگاري پيشرفته دولتي ايالات متحده (AES) الگوريتم Rijndael را براي جايگزيتي DES بعنوان الگوريتم رمزنگاري اوليه انتخاب كرده است. الگوريتم Twofish مشخصا براي پياده‌سازي در پردازنده‌هاي توان‌پايين مثلا در كارتهاي هوشمند طراحي شد.

در ۱۹۹۸ وزارت دفاع ايالات متحده تصميم گرفت كه الگوريتمها Skipjack و مبادله كليد را كه در كارتهاي Fortezza استفاده شده بود، از محرمانگي خارج سازد. يكي از دلايل اين امر تشويق براي پياده‌سازي بيشتر كارتهاي هوشمند برپايه اين الگوريتمها بود.

براي رمزنگاري جرياني (streaming encryption) (كه رمزنگاري ديتا در حين ارسال صورت مي‌گيرد بجاي اينكه ديتاي كدشده در یک فايل مجزا قرار گيرد) الگوريتم RC4 سرعت بالا و دامنه‌اي از طول كليدها از ۴۰ تا ۲۵۶ بيت فراهم مي‌كند. RC4 كه متعلق به امنيت ديتاي RSA است، بصورت عادي براي رمزنگاري ارتباطات دوطرفه امن در اينترنت استفاده مي‌شود.

۲-۲ سيستمهاي كليد نامتقارن

سيستمهاي كليد نامتقارن از كليد مختلفي براي رمزنگاري و رمزگشايي استفاده مي‌كنند. بسياري از سيستمها اجازه مي‌دهند كه یک جزء (كليد عمومي يا key public) منتشر شود در حاليكه ديگري (كليد اختصاصي يا private key) توسط صاحبش حفظ شود. فرستنده پيام، متن را با كليد عمومي گيرنده كد مي‌كند و گيرنده آن را با كليد اختصاصي خودش رمزنگاري ميكند. بعبارتي تنها با كليد اختصاصي گيرنده مي‌توان متن كد شده را به متن اوليه صحيح تبديل كرد. يعني حتي فرستنده نيز اگرچه از محتواي اصلي پيام مطلع است اما نمي‌تواند از متن كدشده به متن اصلي دست يابد، بنابراين پيام كدشده براي هرگيرنده‌اي بجز گيرنده مورد نظر فرستنده بي‌معني خواهد بود. معمولترين سيستم نامتقارن بعنوان RSA شناخته مي‌شود (حروف اول پديدآورندگان

آن يعني ، Shamir Rivest و Adlemen است). اگرچه چندين طرح ديگر وجود دارند. مي‌توان از يک سيستم نامتقارن براي نشان‌دادن اينکه فرستنده پيام همان شخصي است که ادعا مي‌کند استفاده کرد که اين عمل اصطلاحا امضاء نام دارد. RSA شامل دو تبديل است که هرکدام احتياج به بتوان‌رساني ماجولار با توان‌هاي خيلي طولاني دارد:

امضاء، متن اصلي را با استفاده از کليد اختصاصي رمز مي‌کند؛ رمزگشايي عمليات مشابه‌اي روي متن رمزشده اما با استفاده از کليد عمومي است. براي تاييد امضاء بررسي مي‌کنيم که آيا اين نتيجه با ديتاي اوليه يکسان است؛ اگر اينگونه است، امضاء توسط کليد اختصاصي متناظر رمزشده است.

به بيان ساده‌تر چنانچه متني از شخصي براي ديگران منتشر شود، اين متن شامل متن اصلي و همان متن اما رمز شده توسط کليد اختصاصي همان شخص است. حال اگر متن رمزشده توسط کليد عمومي آن شخص که شما از آن مطلعيد رمزگشايي شود، مطابقت متن حاصل و متن اصلي نشان‌دهنده صحت فرد فرستنده آن است، به اين ترتيب امضاي فرد تصديق مي‌شود. افرادي که از کليد اختصاصي اين فرد اطلاع ندارند قادر به ايجاد متن رمزشده نيستند بطوريکه با رمزگشايي توسط کليد عمومي اين فرد به متن اوليه تبديل شود.

اساس سيستم RSA اين فرمول است: X = Yk (mod r)

که X متن کد شده، Y متن اصلي، k کليد اختصاصي و r حاصلضرب دو عدد اوليه بزرگ است که با دقت انتخاب شده‌اند. براي اطلاع از جزئيات بيشتر مي‌توان به مراجعي که در اين زمينه وجود دارد رجوع کرد. اين شکل محاسبات روي پردازنده‌هاي بايتي بخصوص روي ۸ بيتي ها که در کارت‌هاي هوشمند استفاده مي‌شود بسيار کند است. بنابراين، اگرچه RSA هم تصديق هويت و هم رمزنگاري را ممکن مي‌سازد، در اصل براي تاييد هويت منبع پيام از اين الگوريتم در کارت‌هاي هوشمند استفاده مي‌شود و براي نشان‌دادن عدم تغيير پيام در طول ارسال و رمزنگاري کليدهاي آتي استفاده مي‌شود.

ساير سيستم‌هاي کليد نامتقارن شامل سيستم‌هاي لگاريتم گسسته مي‌شوند مانند -Diffie Hellman، ElGamal و ساير طرح‌هاي چندجمله‌اي و منحني‌هاي بيضوي. بسياري از اين طرح‌ها عملکردهاي يک‌طرفه‌اي دارند که اجازه تاييدهويت را مي‌دهند اما رمزنگاري ندارند. يک رقيب جديدتر الگوريتم RPK است که از يک توليدکننده مرکب براي تنظيم ترکيبي از کليدها با مشخصات مورد نياز استفاده مي‌کند. RPK يک پروسه دو مرحله‌اي است: بعد از فاز آماده

سازي در رمزنگاري و رمزگشايي (براي یک طرح کليد عمومي) رشته‌هايي از ديتا بطور استثنايي کاراست و مي‌تواند براحتي در سخت‌افزارهاي رايج پيادەسازي شود. بنابراين بخوبي با رمزنگاري و تصديق‌هويت در ارتباطات سازگار است.

طولهاي کليدها براي اين طرحهاي جايگزين بسيار کوتاهتر از کليدهاي مورد استفاده در RSA است که آنها براي استفاده در چيپ‌کارتها مناسب‌تر است. اما RSA محکي براي ارزيابي ساير الگوريتمها باقي مانده است؛ حضور و بقاي نزديک به سه‌دهه از اين الگوريتم، تضميني در برابر ضعفهاي عمده بشمار مي‌رود.

3- روشهاي رمزگذاري

1-3 روش متقارن Symmetric در اين روش هر دو طرفي که قصد رد و بدل اطلاعات را دارند از يك کليد مشترك براي رمزگذاري و نيز بازگشايي رمز استفاده مي‌کنند.در اين حالت بازگشايي و رمزگذاري اطلاعات دو فرآيند معکوس يکديگر مي‌باشند. مشکل اصلي اين روش اين است که کليد مربوط به رمزگذاري بايد بين دو طرف به اشتراك گذاشته شود و اين سوال پيش مي آيد که دو طرف چگونه مي‌توانند اين کليد را به طور امن بين يکديگر رد و بدل کنند. انتقال از طريق انترانت و يا به صورت فيزيکي تا حدي امن مي‌باشد اما در انتقال آن در اينترنت به هيچ وجه درست نمي‌باشد.در اين قبيل سيستم ها، کليد هاي رمزنگاري و رمزگشايي يکسان هستند و يا رابطه اي بسيار ساده با هم دارند .اين سيستم ها را سيستم هاي متقارن يا " تک کليدي " مينامیم. به دليل ويژگي ذاتي تقارن کليد رمزنگاري و رمزگشايي، مراقبت و جلوگيري از افشاي اين سيستم ها يا تلاش در جهت امن ساخت آنها لازم است در بر گيرنده " جلوگيري از استراق سمع " و " ممانعت از دستکاري اطلاعات " باشد .

2-3 روش نامتقارن Asymmetric اين روش براي حل مشکل انتقال کليد در روش متقارن ايجاد شد. در اين روش به جاي يك کليد مشترك از يك جفت کليد به نام هاي کليد عمومي و خصوصي استفاده مي‌شود. در اين روش از کليد عمومي براي رمزگذاري اطلاعات استفاده مي شود. طرفي که قصد انتقال اطلاعات را به صورت رمزگذاري شده دارد اطلاعات را رمزگذاري کرده و براي طرفي که مالك اين جفت کليد است استفاده مي‌شود. مالك کليد، کليد خصوصي را پيش خود به صورت محرمانه حفظ مي‌کند. در اين دسته، کليد هاي رمزنگاري و رمزگشايي متمايزند و يا اينکه چنان رابطه پيچيده اي بين آنها حکم فرماست که کشف کليد رمزگشايي با در اختيار داشتن کليد رمزنگاري، عملا ناممکن است.

3-3 مقايسه رمزنگاري الگوريتم هاي متقارن و الگوريتم هاي كليد عمومي: بحث هاي زيادي شده كه كدام یک از اين الگوريتم ها بهترند اما جواب مشخصي ندارد. البته بررسي هايي روي اين سوال شده به طور مثال Needham و Schroeder بعد از تحقيق به اين نتيجه رسيدند كه طول پيغامي كه با الگوريتم هاي متقارن ميتواند رمزنگاري شود از الگوريتم هاي كليد عمومي كمتر است. و با تحقيق به اين نتيجه ريسيدند كه الگوريتم هاي متقارن الگوريتم هاي بهينه تري هستند. اما وقتي كه بحث امنيت پيش مي آيد الگوريتم هاي كليد عمومي كارايي بيشتريدارند. و بطور خلاصه مي‌توان گفت كه الگوريتم هاي متقارن داراي سرعت بالاتر و الگوريتم هاي كليد عمومي داراي امنيت بهتري هستند. در ضمن گاهي از سيستم تركيبي از هردو الگوريتم استفاده ميكنند كه به اين الگوريتم ها الگوريتم هاي تركيبي (hybrid)گفته ميشود. اما اگر به طور دقيق تر به اين دو نگاه كنيم آنگاه متوجه خواهيم شد كه الگوريتم هاي كليد عمومي و الگوريتم هاي كليد متقارن داراي دو ماهيت كاملا متفاوت هستند و كار برد هاي متفاوتي دارند به طور مثال در رمزنگاري هاي ساده كه حجم داده ها بسيار زياد است از الگوريتم متقارن استفاده ميشود زيرا داده ها با سرعت بالاتري رمزنگاري و رمزگشايي شوند. اما در پروتكل هايي كه در اينترنت استفاده ميشود، براي رمز نگري كليد هايي كه نياز به مديريت دارند از الگوريتم هاي كليد عمومي استفاده ميشود.

4-3 Key Agreement همانطور كه در بالا گفته شد به علت كند بودن و محدوديت رمزگذاري با روش نامتقارن از اين روش فقط براي رمزگذاري كليد مشترك استفاده مي‌شود. اما اين روش نيز يك مشكل دارد و آن اينست كه هر شخص نياز به كليد عمومي و خصوصي مربوط به خود را دارد و بايد براي انتقال اطلاعات آنرا براي طرف مقابل بفرستد. يك راه براي حل مشكل استفاده از كليد عمومي و يك مكانيزم به نام Agreement Key مي‌باشد كه به طبق آن يك توافق بر روي كليد مخفي بين طرفين به وجود مي‌آيد و به اين ترتيب نيازي به انتقال كليد نمي‌باشد. وقتي كه يك بار بر روي يك كليد مشترك توافق حاصل شد از آن مي‌توان براي رمزگذاري و رمزگشايي اطلاعات مربوطه استفاده كرد. معمولا در اين روش از الگوريتم Diffie-Hellman استفاده مي‌شود. مراحل انتقال اطلاعات از اين روش به صورت زير مي‌باشد: - آغازگر ابتدا يك جفت كليد عمومي و خصوصي ايجاد كرده و كليد عمومي را همراه با مشخصات الگوريتم (Specification Algorithm) به سمت طرف مقابل مي‌فرستد. - طرف مقابل نيز يك جفت كليد عمومي و خصوصي همراه با مشخصات الگوريتم آغازگر ساخته و كليد عمومي را براي آغازگر

مي‌فرستد. - آغازگر يك كليد مخفي بر اساس كليد خصوصي خود و كليد عمومي طرف مقابل ايجاد ميكند. - طرف مقابل نيز با استفاده از كليد خصوصي خود و كليد عمومي آغازگر يك كليد مخفي مي‌سازد. الگوريتم Diffie-Hellman تضمين مي‌كند كه كليد مخفي هر دو طرف يكسان مي‌باشد.

4- انواع روشهاي رمزگذاري اسناد

4-1 رمزگذاري همه اطلاعات يك سند xml سند زير را در نظر بگيريد:

PaymentInfo > <xml version='1.0'??>

<xmlns='http://example.org/paymentv2'

<Name/>John Smith<Name>

<CreditCard Limit='5,000' Currency='USD'>

<Number/>5567 0277 2445 4019<Number>

<Expiration/>02/04<Expiration> <Issuer/>Example Bank<Issuer>

<PaymentInfo/> <CreditCard/>

اين سند پس از رمزگذاري بر اساس استانداردهاي W3C به شكل زير در مي‌آيد:

EncryptedData > <xml version='1.0'??>

<MimeType='text/xml' xmlns='http://www.w3.org/2001/04/xmlenc#'

<CipherData/> <CipherValue/>A23B45C56<CipherValue> <CipherData>

<EncryptedData/>

4-2 رمزگذاري يك element مشخص از يك سند xml

رمزگذاري يك element مشخص بصورت زير مي‌باشد.

در اين حالت <CreaditCard> رمزگذاري شده و به شكل زير در آمده است:

PaymentInfo > <xml version='1.0'??>

<xmlns='http://example.org/paymentv2'

<Name/>John Smith<Name>

EncryptedData >

Type='http://www.w3.org/2001/04/xmlenc#Element'

<xmlns='http://www.w3.org/2001/04/xmlenc#'

<CipherData>

<CipherValue/>A23B45C56<CipherValue>

<CipherData/>

<EncryptedData/>

<PaymentInfo/>

4-3 رمزگذاري محتويات يك element مشخص در اين حالت فقط محتويات و اطلاعات درون يك element رمزگذاري شده و خود element ثابت باقي خواهد ماند:

<xml version='1.0'??>

<PaymentInfo xmlns='http://example.org/paymentv2'>

<Name/>John Smith<Name>

<CreditCard Limit='5,000' Currency='USD'>

EncryptedData xmlns='http://www.w3.org/2001/04/xmlenc#'>

<Type='http://www.w3.org/2001/04/xmlenc#Content'

<CipherData>

<CipherValue/>A23B45C56<CipherValue>

<CipherData/>

<EncryptedData/>

<CreditCard/>

<PaymentInfo/>

در اين حالت element <CreditCard> ثابت مانده ولي محتويات آن رمزگذاري شده است. اطلاعات پس از رمزگذاري طبق استانداردW3C درون عنصر<ChipherData> قرار مي گيرند. همچنين در اين قسمت يك عنصر <EncryptedData> ديده مي‌شود كه شامل اطلاعاتي از قبيل نوع رمزگذاري و يا الگوريتم مورد استفاده براي رمزگذاري مي‌باشد.

4-4 كليدهاي مورد استفاده در رمزگذاري وقتي يك سند XML يا بخشي از آن رمزگذاري مي‌شود آن قسمت با عنصر <EncryptedData> تعويض مي‌شود. اين عنصر ممكن است شامل نوع رمزگذاري باشد كه گيرنده از اين اطلاعات استفاده مي‌كند، مثلا اطلاعاتي شامل اينكه آيا كل سند رمزگذاري شده يا قسمتي از آن و همچنين اينكه نوع اطلاعات رمزگذاري شده متن است يا تصوير و غيره.

مي توان مشخصات كليد مشترك را درون خود سند درون عنصر <EncryptedKey> قرار داد. اطلاعات واقعي كه رمزگذاري شده‌اند درون عنصر <CipherData> قرار مي‌گيرند. در داخل اين قسمت نيز يك عنصر <CipherValue> قرار دارد كه شامل اطلاعات واقعي رمزگذاري شده مي‌باشد.

4-5 روشهاي انتقال كليد طبق استاندارد W3C سه روش براي انتقال كليد موجود مي‌باشد:

1. مي توان كليد را درون همان سند قرار داد، عناصر <EncryptedData> و يا <EncryptedKey> مي‌توانند يك عنصر <ds:KeyInfo> داشته باشند كه مشخص كننده جزييات كليد مي‌باشد. خود اين عنصر شامل عناصر زير مي‌باشد: - عنصر <ds:KeyValue> كه مقدار آن همان كليد عمومي يا كليد رمزگذاري شده مي‌باشد. - عنصر <ds:KeyName> كه به يك عنصر <EncryptedKey> اشاره مي‌كند. - عنصر <ds:RetrievalMethod> كه متد بازيابي كليد را مشخص مي‌كند.

2. مي توان يك فايل ديگر كه شامل عنصر <EncryptedKey> مي‌باشد ضميمه سند كرد كه در اين حالت درون سند xml عنصر <DataReference> يا <KeyReference> قرار مي گيرد كه به آن ضميمه اشاره مي‌كند. 3. در روش سوم در هيچ قسمت از سند XML به كليد اشاره اي نمي‌شود و مسير كليد از قبل مشخص مي‌باشد.

5- امضاي ديجيتالي

5-1 معرفي امضاي ديجيتالي براي اينكه هويت فرستنده سند تاييد شود و نيز براي اطمينان از اينكه سند در طول مدت انتقال به گيرنده دستكاري نشده است از امضاي ديجيتالي استفاده مي شود. مي‌توان كل يك سند و يا قسمتي از آن را امضا كرد. به طور كلي سه دليل براي استفاده از امضاي ديجيتالي وجود دارد كه شامل: 1. استفاده از كليد عمومي اين اجازه را به هر شخصي مي دهد كه كليد خود را به سمت فرستنده اطلاعات بفرستد و سپس گيرنده پس از دريافت اطلاعات آنرا توسط كليد خصوصي خود بازگشايي مي‌كند، بنابراين امضاي ديجيتالي اين امكان را مي‌دهد كه فرستنده يا گيرنده مطمئن شوند كه اطلاعات از محل يا شخص مورد نظر دريافت مي‌شود. 2. اطلاعات در طول مدت انتقال ممكن است توسط ديگران دستكاري شود براي اينكه از صحت اطلاعات رسيده مطمئن شويم نياز به يك امضاي ديجيتالي در اين حالت احساس مي‌شود. 3. رد كردن اطلاعات فرستاده شده. گيرنده اطلاعات براي اينكه مطمئن شود فرستنده بعدا از اطلاعاتي

که فرستاده اعلام بي خبري نکند و آنها را رد نکند از فرستنده يك امضا درخواست ميکند تا شاهدي بر اين ادعا باشد.

براي پياده سازي يك امضاي ديجيتالي نياز به سه الگورتم داريم: - يك الگوريتم براي ايجاد کليد - الگوريتم براي ايجاد امضا - الگوريتم براي تاييد امضا

براي ايجاد يك امضاي ديجيتالي بايد يك عدد checksum براي سند مورد نظر محاسبه شود. فرض کنيد Bob قصد ارسال يك پيام به Alice را دارد، Bob پيام خود را همراه با امضاي ديجيتالي براي Alice ميفرستد. اين امضاي ديجيتالي توسط کليد خصوصي که مالك آن Bob مي باشد ايجاد شده است. در سمت ديگر Alice با استفاده از الگوريتم تاييد امضا و کليد عمومي که از Bob دريافت کرده صحت امضا و اينکه امضا از طرف Bob ميباشد را تاييد ميکند.

5-2 عناصر موجود در يك امضا در شکل زير عناصر تشکيل دهنده يك امضاي ديجيتالي را ميبينيد:

براي ايجاد يك امضاي ديجيتالي بايد طبق استاندارد W3C به صورت زير عمل کرد:

1. ابتدا بايد منبعي را که قصد امضاي آنرا داريد مشخص کنيد. عنصر <Reference> که در شکل ديده ميشود مشخص ميکند که چه چيزي در اين قسمت امضا و علامت گذاري شده است. اين منبع به صورت يك آدرس URI ميباشد: http://www.abc-company.com/index.html به يك منبع از نوع فايل HTML اشاره ميکند. http://www.abc-company.com/logo.gif به يك فايل تصويري اشاره ميکند. http://www.abc-company.com/xml-files/info.xml به يك فايل از نوع XML اشاره ميکند. http://www.abc-company.com/xml-files/info.xml#main به يك عنصر درون فايل XML به نام main اشاره ميکند.

2. testInfo : به يك عنصر درون فايل XML فعلي اشاره ميکند.

3. محاسبه مقدار digest به ازاي هر منبع مشخص شده در <Reference>، که اين مقدار در <DigestValue> قرار ميگيرد. همچنين عنصر <Reference> شامل عنصر <DigestMethod> ميباشد که الگوريتم مورد استفاده در محاسبه digest را معرفي ميکند.

4. همه منابع که باید امضا شوند جمع آوري ميشود:

<SignedInfo Id="foobar"

CanonicalizationMethod>

</"Algorithm="http://www.w3.org/TR/2001/REC-xml-c14n-20010315

SignatureMethod   >

</ "Algorithm="http://www.w3.org/2000/09/xmldsig#dsa-sha1

Reference   >

<"URI="http://www.abccompany.com/news/2000/03_27_00.htm

DigestMethod   >

</ "Algorithm="http://www.w3.org/2000/09/xmldsig#sha1

<DigestValue/>j6lwx3rvEPO0vKtMup4NbeVu8nk=<DigestValue>

<Reference/>

Reference>

URI="http://www.w3.org/TR/2000/WD-xmldsig-core-

<"20000228/signature-example.xml

DigestMethod   >

</"Algorithm="http://www.w3.org/2000/09/xmldsig#sha1

<DigestValue/>UrXLDLBIta6skoV5/A8Q38GEw44=<DigestValue>

<Reference/>

<SignedInfo/>

عنصر <CanonicalizationMethod> مشخص ميكند كه چه الگوريتمي براي قانوني
كردن (canonize) عنصر <SignedInfo> استفاده شده است.

5. علامت گذاري امضا: در اين قسمت مقدار digest براي عنصر <SignedInfo>
محاسبه شده و درون عنصر <SignatureValue> قرار ميگيرد. 5. اضافه كردن مشخصات

کلید: مي‌توانيد مشخصات كليد خود را درون عنصر <KeyInfo> قرار دهيد ولي اين قسمت الزامي نيست و ممكن است شما نخواهيد كه اين مشخصات معلوم گردد.

5-3 تاييد يك امضاي ديجيتالي مراحل تاييد Verify يك امضاي ديجيتالي به صورت خلاصي در زير آورده شده است: - تاييد امضاي عنصر <SignedInfo>. براي اين منظور ابتدا دوباره مقدار digest براي اين عنصر را طبق الگوريتم مشخص شده در عنصر <SignatureMethod> محاسبه نموده و از كليد عمومي براي اين كار استفاده مي‌شود و براي تاييد آن مقدار محاسبه شده را با مقدار معرفي شده در عنصر <SignatureValue> مقايسه مي كنيم. - اگر مرحله قبل بدون مشكل تاييد شد حالا به ازاي هر منبع معرفي شده در عنصر <Reference> مقدار digest آنرا محاسبه نموده و با مقدار مشخص شده در عنصر <DigestValue> مقايسه مي‌كنيم.

حملات متداول و راه حل هاي ممکن

مقدمه

ان از اینکه فقط کاربران مجاز،به اطلاعات حساس شرکت و یا ایمیل هاي شخصي خودشان دسترسي دارند میتوان کار چندان ساده اي نباشد با توجه به این حقیقت که به طور متوسط هر کاربر باید حداقل 4الي 5 رمز را بخاطر بیاورد که برخي از این رمزها باید به طور ماهیانه نیز عوض شوند اکثریت کاربران به هنگام انتخاب و یا به خاطر آوردن یک رمز دچار ناامیدي میشوند و کاملا از عواقب کار هایشان به هنگام کنترل داده هاي حسابشان، ناگاه هستند.

این مقاله بر این ضرورت دارد که چقدر رمزهاي امنیتي با وجود شکستني بودنشان مهم و ضروري هستند همچنین روشهاي مختلفي براي ایجاد و پشتیباني از رمز ها بیان خواهد شد و متدهاي جایگزیني ممکن براي این رمزها که به سه دسته

(PKI(Public Key Infrastructure و Passphrases،Biomectrics تقسیم میشوند بررسي خواهد شد.

خطرات تحمیلي رمزها:

با وجود اینکه هنوز اکثریت سازمانها و تقریبا 99% کاربران خانگي ،به رمز ها به عنوان اصلي ترین شیوه کنترل منابع شخصي و حساس،وابسته هستند،اما ایجاد،پشتیباني ناامن و انتقالات در طول شبکه میتواند درهاي اطلاعات شخصي و یا سازماني هر گروه یا دسته اي را بروي هکرها باز کند.

مدیراني که هوز از الگوي قدیمي پیروي میکنند،فکر میکنند که ضروري ترین و ساده ترین روش براي شناسایي یک کاربر در یا پایگاه داده شان ،استفاده از رمز (Password)است اما حقیقت این است که کاربران با درک این نکته که لازم است رمزشان را دائما تغییر دهند و یا باید رمز امن داشته باشند ویا از برخي دستورالعمل ها پیروي کنند تا حتي الامکان رمزشان را محفوظ نگه دارند ناامید و آزرده خاطر میشوند و نتیجه این میشود که تعداد زیادي رمز هاي قابل شکستن بوجود آمده که اکثریت آنها روي سیستم هاي مختلف یکي هستند وحتي یاداشت هایي که حاوي اسم کاربر و رمز عبور میباشد اطراف میز کاربران یافت میشود.

در هر سیستمي،برخي ازکاربران بخصوص،امتیازاتي دارند که دیگران نداسته و یا نداشته باشند با معرفي کردن خودتان روي یک سیستم کامپیوتري و با هر وب سایت مورد نظري،به شما دسترسي کامل به محیط کارتان و اطلاعات شخصي داده خواهند شد اطلاعات ودادههایي که

حساس بوده و نميخواهيد عموم مردم به آنها دسترسي داشته باشند درست مثل حالتي كه يک كمپاني نميخواهد به رقباي خود اجازه دسترسي به اينترنت خود را دهد سناريوهاي نه چندان جالب كه در اثر فاش شدن داده هاي يک حساب(Account) بوجود ميآند به شرح زير ميباشند:

Identity theft: دزدي هويت وقتي رخ ميدهد كه دادهاي حساب شما و يا همان(Account) به دست شخص ديگري افتد و او خودش را به جاي شما وانمود كرده تا كنترل هويت ديجيتالي شما را بدست گيرد اين مساله باعث ايجاد خسارتهاي مالي و هم شخصي خواهد شد

Sensitive Data Exposure: (فاش شدن داده هاي حساس)_محتواي ايميل هاي شخصي شما ،پروژه هاي كاري ،اسناد و مدارک،... كيتواند به دست هكر ناشناس و يا كس ديگري كه ميخواهد مخصوصا شما را هدف قرار گذفته است، بيفتد

Exposure Company Data: فاش شدن داده هاي كمپاني)_ دزديدن اطلاعات داخلي و محرمانه و حساس يک كمپاني در محافظت داده هاي حساب افراد ميتواند تاثير بدي روي آن كمپاني داشته باشد مه به طور مثال شما برايش كار مي كنيد:من شک دارم دوستي داشته باشيد نقشه ها وبازار يابي شركتي مه برايش كار ميكنيد از طريق شما به دست رقبايش بيفتد

Criminal Activities Involvement In: درگير شدن در فعاليت هاي جنايي)_استفاده از حساب شما در فعاليت هاي مختلف جنايي نيز در اثر پيشتيباني نادرست رمز ها حاصل ميشود به خاطر داشته باشيد كه در اين حالت هميشه با رديابي مجرمين، پاي حساب شما و در خود شما به ماجرا كشيده ميشويد

توضيح:به نظر من موارد 1 و 2 كاربرد بيشتري داشته و بقيه موارد صرفا جهت اطلاع ميباشد

سناريوهاي متداول در فاش شدن رمزها:

Physical Security Breach: (شكستن امنيت به طور فيزيكي)_شكستن فيزيكي كامپيوتر شما حتي پيچيده ترين متدهاي امنيتي و كد گذاري هاي دقيق را باز خواهد كرد يک Keylogger(قفل گشاي) نرم افزاري وسخت افزاري ممكن است نصب شود و كليد PGP محرمانه شما فاش شود،بنا براين تمام دادههاي حسابتان و با داده هاي كدگذاري شده شما آشكار خواهد شد مهم نيست كه رمز شما چه اندازه كاراكتر داشته باشد و يا كاملا ايمن سازي شده باشد،زيرا شكستن فيزيكي رمز يكي از بحراني ترين شرايط ممكن است.

Unintentionally Shared: (به اشتراک گذاري غير عمدي)_يک کاربر ممکن است داده هاي حساب خود را به اشتراک گذارد بدون توجه به اين که فاش کردن آن ،احتمال هک شدن توسط غريبه ها را افزايش ميدهد معمولا يک رمز تحت شرايط مختلف بين دوستان ،رئيس ها وافراد خانواده به اشتراک گذارده ميشود. يک منفعت بيان شده توسط برخي از کاربران براي اين کار راحتي دو يا چند نفر است که با دانستن داده هاي يک حساب بخصوص ميتوانند به يک منبع اطلاعتي ويژه دسترسي داشته باشند. همچنين رمزها از طريق بحث در مورد آنها بين همکاران يک شرکت نيز ممکن است به اشتراک گذارده شود به اين ترتيب که در اين بحث و گفتگو سياست هاي اخير شرکت براي اينتخاب رمز متدهاي ي که هر کاربر براي انتخاب رمز خود استفاده کرده است و چگونگي پشتيباتي رمزها بيان ميشود، و در بعضي از موارد در مورد اين مساله که هرگز مديريت از روش آنها براي مخفي کردن داده هاي حسابشان مطلع نخواهند شد صحبت ميشود يکي از ساده ترين و بحراني ترين روش براي دستيابي به دادهاي حساس يک شرکت،سوال در مورد آن است، چه بطور مستقيم و يا غير مستقيم که در حالت موضوعي است که در حال حاضر مورد توجه مهندسي اجتماعي است.

Cracked: (شکستن)_گاهي اوقات در بعضي از شرايط دزدي،فايل رمز آن هکر شروع به شکستن فايل رمز خواهد شد ،به اين ترتيب که تمام ترکيبات ممکن را بکار خواهد برد تا ضعيف ترين رمز را پيدا کرده و بعدا بتواند با استفاده از آن ديگر رمز ها را نيز باز کند در اين شرايط که شرکت از دزديده شدن فايل هاي رمز خود مطلع ميشود بايد بلافاصله به تمام کارمندان هشدار داده شود تا رمز هاي خود را تغيير دهند که حتي اگر ضعيف ترين رمز نيز شکسته شود ديگر اعتبار نداشته باشد گرچه، تگر شرکت از فاش شدن فايل رمز خود بيخبر باشد بايد همواره سعي کند که فايل رمز خود را مثل يک هکر شکسته و ضعيف ترين رمز ها را فيلتر گذاري کند.

Sniffed: (تجسس مخفيانه)_آيا شما ميدانيد که چند کارمند از طريق کامپيوتري که قبلا رمزش شکسته شده و يا از طريق دوستانشان به اطلاعات و دادهاي مهم و حساس دسترسي دارند؟

پاورقي:

((داشتن قويترين رمزها لزوما مخفي ماندن آنها را تضمين نميکند خصوصا اگر نقل وانتقالات از طريق اينترنت، کاملا ايمن سازي نشده باشد

به کاربران خود خود اين توانايي را ندهيد که بين متن ساده و يا SSL، يکي را براي رمز گذلري انتخاب کنند.در عوض تمام ارتباطات شبکه را مجبور سازيد تا از حالت کد شده استفاده

کنند یک توصیه مهم دیگر این است که باي هرکس خصوصیت (Last Login Form)(فرم آخرین اتصال) را فراهم سازید تا اگر متوجه Login بدون اجازه شدند بلافاصله مورد را گزارش دهند.

Gvessed: (حدس زدن)_نعداد زیادي كاربر هنوز هم سياست هاي ساختار یافته رمز گذاري را به نحوي با گذاشتن رمز هاي حسي خود به بازي میگیرند که این روش به ظاهر قوي ولي در عمل ضعيف هنوز هم متداول است وعلتش هم اينست که تعداد كاربران زیادي براي رمز گذاري از كلمه هاي پيش پا افتاده مانند : (شماره تلفن،شماره شناسنامه،اسم دوست دختر،...)استفاده میكنند. گرچه امروزه به ندرت از این متد در مقایسه با دیگر روش هاي بحث شده استفاده میشود.

نكته: همیشه این نكته را به خاطر داشته باشيد که بعضي از كاربران هنوز از رمزهايي استفاده میكنند که برپايه موضوعات ويا مارك هاي تجاري اشیاي روي ميز كارشان میباشد.

متداول ترین خطاها درپشتیباني رمزها :

1- خاصیت Auto Fill: (پر كردن خودكار)_اكثریت برنامه كاربردي به شما این اجازه را میدهيد که رمز ها و دادهاي حساب خود را به حافظه بسپاريد، اما اگر مطمئن نيستيد كه ان كامپيوتر كاملا در برابر شكستن فيزيكي رمز ها ايمن سازس شده است جدا از این به شما توصیه میشود که نگذاريد به این روش رمزتان در حافظه برنامه باقي بماند مطمئن شوید كه این ویژگي در مكان هاي عمومي مثل كافي نت ها نیز بكار گرفته نشود.

2- يادداشتهاي«Post It»(الحاقي)_اغلب اوقات رمزها روي كاغذ نوشته شده و یا بدنر از همه كنار مانيتور و یا روي ميز كار گذاشته ميشود در این صورت به راحتي توسط مهاجمين احتمالي و یا افراد داخلي قابل مشاهده است.

3- « The Secret Place » (جايگاه مخفي)_خيلي از مردم فكر ميكنند که یک جايگاه مخفي را براي خودشان زير صفحه كليد و یا زير ميز پيدا كرده اند که كاملا فكر اشتباهي است زيرا اگر كسي متوجه شود نه تنها جايگاه مخفي آنها را ياد گرفته بلكه به راحتي میتواند با پرت كردن حواس آنها به رمز و یا حسابشان دست يابد با این وجود از آنجايي كه خيلي از افراد دادهاي حسابشان را روي كاغذ و یا PDA هاي (رايانه دستي) و غیره نگه ميدارند استراتژي زير میتواند كمک بزرگي را در حفظ دادهايشان انجام دهد تا زمانيكه آن رمز یا داده ها را به خاطر بسپارند و آن كاغذ را دور انداخته و از شر آن خلاص شوند:

حداقل 6 یا 7 رمز متفاوت و قلابي را اطراف رمز اصلي يادداشت كنيد حتي برخي از رمز ها را خط بزنيد حتي رمز حقيقي را. زيرا اگر شانس بياوريد 2 يا 3 بار Login ناموفق باعث بسته شدن حسابتان خواهد شد و اگر ياداشت هاي شما بدست شخص ديگر افتاد هنوز اين شانس را داريد كه ممكن است آن شخس رمز حقيقي را پشدا نكند.گر چه اين روش تضمين جدي را مهيا نخواهد ساخت واصلا توصيه نميشود اما يک روش موثر براي كساني كه رمز خود را تا حفظ شدن كامل روي كاغذ نوشته وپيش خود نگاه ميدارند.

چگونه یک رمز ایمن را انتخاب کنید:

انتخاب رمزهاي ايمن مستلزم اين است كه بدانيد رمزهاي غير امن كدامند.چگونه رمزها شكسته ميشوند و پشت سر ايت«حاداقل 8 كاراكتر متشكل از حروف كوچک،بزرگ،اعداد وارقام و كاراكتر هاي ويژه»چه چيز هايي نهفته است به طور كلي هر چقدر رمز كوتاهتر باشد احتمال حدس زدن وشكستن آن بيشتر ميشود يه هكر رمز تمام تركيبات موجود از حروف و ارقام را بكار خواهد برد تا رمز مورد نظر را كشف كند استفاده ازحروف مختلف الفبا و آعداد(0-9)كه به نام «رمز بر پايه اعداد»شناخته شده است باعث ميشود احتمال شكسته شدن رمزتوسط هكر كاهش يابد روش متداول استفاده از ديكشنري مانند استكه بعنوان پايگاه داده رمزهاي كه به شكل لغات ليست شده و در آن ديكشنري ميباشند به راحتي توسط هكر قابل شكسته شدن است به همين دليل است كه توصيه ميكنم از رمزهاي طولانيتر كه شامل حروف و ارقام ميباشد استفاده كنيد تا هكر مجبور شود وقت بيشتري را صرف شكستن فايل رمز دزديده كند.

هر زمان که رمزي را میسازید نکات زیر را مدنظر داشته باشید:

1- حداقل طول آن 7كاراكتر باشد و در آن از تركيب حروف كوچک و بزرگ و حداقل يک عدد و كاراكتر هاي ويژه چون + -()%$#@! و ... استفاده كنيد

2- از يک لغت موجود در ديكشنري و يا تركيب منطقي ازكاركنر ها مثل aaa555ccc ويا123456789استفاده نكنيد.

3- سعي كنيد رمزي كه قبلا روي سيستم ديگري استفاده ميكرديد را بكار نبريد هر گز از يک رمز براي دسترسي به تمام داده ها و اطلاعات مهم خود در مكانها وسيستم هاي مختلف استفاده نكنيد.

روش هاي مختلف رمز نگاري قوي اما در عين حال ساده براي به خاطر آوردن به شرح زير است:

1- از یک لغت موجود در دیکشنري استفاده کرده مانند(Success) ولي آن را برعکس کنيد((sseccus

2-جلو و یا پشت آن لغت چند عدد اضافه کنيد مثلا(sseccus146 یا (sseccus953

3-هميسه حداقل از یک کاراکتر ویژه در جایي از رمز خود استفاده کنيد مثل(=+-()*&^%$#@!)

4-استفاده حداقل یک حرف بزرگ در رمز احتمال شکسته شدن رمز را افزایش ميدهد

5-بجاي برخي از کاراکتر ها از اعدادي که به آنها مربوط ميباشند استفاده کنيد:مثلا به جاي Securityاز کلمه s3cur1ty استفاده منيد3به جاي e و1به جاي استفاده شده است

6-هر حروف را با یک عدد از هم جدا کنيد مثلا(به جاي security از این s1e3c5u7r9i2t4y8 اسنفاده کنيد)

چگونه رمز ها را حفظ کنيم:

حفظ کردن تعداد مخفي رمز براي کاربرد هاي گوناگون،مشکل اصلي اکثریت کاربر استبه همبن علت اغلب آنها حفظ کردن رمز را نادیده گرفته،آنها را روي کاغذ نوشته و یا از رمزهاي ضعيف ولي آسان براي بخاطر آوردن استفاده ميکننداما اگر افراد سعي کنند رمزها را نه بعنوان ترکيبي از کاراکترهاي به دردنخور،بلکه روشي براي مشخص کردن هویتشان درست مثل زماني که از دستگاه خود پرداز پول ميگيرند حفظ کنند به خاطر آوردن این رمزها ساده خواهد شد زیرا در این حالت داده هاي شخصي وشرکتشان است که باید سعي در محافظت آن کنند

1- مربوط کردن رمزها به یکدیگر:ارنباط رمزها نقش مهمي در حفظ کردن آنها بازي ميکند با صرف یک زمان مشخص،حتي ميتوانيد از یک آدم ژاپني یاد بگيرید آکر آن شخص بفهمد که شما چه روشي را براي حفظ کردن استفاده ميکنيد و از همه مهمتر چگونه چيزها را مربوط ميسازید دیدن رمز،یک روش بسيار مهم دیگر براي حفظ کردن آن است و ظرف مدت کوتاهي حتي بدون اینکه فکر کنيد چه چيزي را تایپ ميکنيد به راحتي رمز را وارد خواهيد کردن یک عادت موقت با توجه به این حقيقت که اکثریت سازمانها وشرکت ها دائما رمزهاي خود را تغيير ميدهند

2- رمز ها را براي خودتان توضيح دهيد:براي مثال رمزY13#tiruceS در حقيقت همان لغت security است که وارونه نوشته شده و اولين وآخرین حرف آن بزرگ بوده و بعد از حرف

اول عدد تاریخ تولد دوستتان آمده و بعد يکي از کاراکتر هاي ويژه استفاده شده است به جاي يک مشت کاراکتر هاي نامربوط حالا شما به زبان کدگذاي خودتان نوشته شده است

راه حلهاي ممکن :

وقتي متد هاي رمز نگاري را در هر دو سطح سياست هاي ايمن سازي و شبکه،ضروري ميکنيد اکثريت کاربران ثابت کرده اند که در ايجاد و نگهداري رمزهاي قوي وقابل اطمينان نميباشند بخش خدمات شرکتها، غالبا گرفتارتراز اين هستند که تقاضاي مربوط به «يافتن رمزهاي فراموش شده» را پاسخ دهند و اگر شرکت آگاهي هاي لازم در خصوص سيستم رمز نگاري را ندهد اين مشکل همچنان رشد خواهد کرد.

Passphrases ها راحت تر ميتوان به خاطر آورد ولي ظاهرا شکستن آنها غير ممکن است اکثر نرم افراهاي کدگذاري ازشما ميخواهند که از يک Passphrases بعنوان کليد شخصي خود به جاي رمز استفاده کنيد

Passphrases ها معمولا شبه جمله اي هستند که شما هميشه ياد مياوريد،مثلا يک شعار ،يک جمله مرد علاقه و يا ترکيبي از اعداد و حروف وکاراکتر هاي ويژه گرچه مجازا نميتوان Passphrases ها رابا استفاده از يک KeyLogger(قفل گشا) ميتوان باز کرد و يا به هنگام ارتباطات شبکه اي از طريق ردو بدل متن ساده آنها را حدس زد.

Biomectrics ها نسل بعدي متدهاي کدگذاري هستند با وجود اينکه هنوز به دليل هزينه هاي مربوطه در مراحل اوليه پياده سازي هستند و گاهي اوقات نيز نتايج اشتباه به بار مياورند اما Biomectricsها روشي را که ما خودمان را مجاز به استفاده از چيزي ميکنيم، تغيير خواهند داد و احتمالا دقتشان99%خواهد بود Biomectricsرا نميتوان دزديد،فراموش کرد و يا به شخص ديگري داد سيستم هاي Biomectrics ميتواند شامل سيستم هاي زير باشد:

سيستمهاي انگشت نگاري،تشخيص صدا ،اسکن شبکيه چشم ، تشخيص نقوش کفدست و تشخيص دست خط.

PKI(Public Key Infrastructure)

توابعPKI(ساختارهاي کليد عمومي)به کاربران و سرورها اين توانايي را ميدهد که با هم ارتباط داشته،خود را شناسايي کرده و هويت خود را توسط مدارک ديجيتالي مشخص کنند که هر يک شامل کايدهاي عمومي وشخصي است.

کلید عمومي براي هرکس که ميخواهد داده ها را با شخص ديگري مبادله کند در دسترس قرار ميگيرد و کليد شخصي تنها روش براي باز کردن کد و يا تشخيص هويت صحصيح است.PKI خصوصا به هنگام ارتباط از طريق شبکه هاي ناامن مثا اينترنت و يا سرور هاي داخلي مفيد واقع ميشود.

با وجود اينکه متداول ترين روش براي شناسايي يک کاربر از گذشته بسيار دور ،استفاده رمز بوده است اما کاربران و سازمان ها متوجه ضعف اين روش شده ئ تدريجا در حال تغيير روش خود و استفاده از متدهاي ديگر هستند کدگذاري مهمترين قدم بعدي براي اکثر شرکتهاي کوچک و متوسط خواهد بود و هم چنين استفاده از متدهاي مختلف Biomectrics در سر فصل اين تغييرات قرار خواهد گرفت.

راه‌حلي براي حفظ امنيت داده‌ها

آيا روشي وجود دارد كه رمزنوشته‌ها را از تعرض حفظ كند؟ چه فناوري‌هايي براي نيل به اين هدف در دسترس است؟

از زمان ظهور كامپيوترهاي جديد همواره با مساله‌ي رمزنگاري روبه‌رو بوده‌ايم. بنابراين وجود اولين كامپيوترهاي قابل برنامه‌نويسي در جنگ جهاني دوم (Colossus) براي رمزگشايي پيغام‌هاي جنگ چندان هم تصادفي نبوده است.

رمزنگاري به معناي استفاده از رمزهاي مخصوص در پيغام‌هاست؛ به اين شكل كه خواندن اين مطالب بدون به كاربردن كليد رمزگشا (تراشه) يا محاسبات رياضي امكان‌پذير نيست. هرچه طول تراشه (تعدادبيت‌ها) بيشتر باشد حل معما سخت‌تر خواهدبود. با وجود آنكه شكستن بسياري از رمزها به شكل عملي امكان پذير نيست، با صرف زمان و نيروي پردازش كافي تقريبا مي‌توانيم همه‌ي رمزها را در بررسي‌هاي تئوري حل كنيم.

برنادر پارسن، مدير ارشد بخش فناوري شركت امنيت نرم‌افزار BeCrypt، در اين‌باره توضيح مي‌دهد كه دو روش اصلي رمزگذاري مجزا وجود دارد. روش رمزنگاري متقارن كه به دوران امپراطوري روم برمي‌گردد و رمزنگاري نامتقارن كه قدمت چنداني ندارد.

در رمزنگاري متقارن يك فايل (براي مثال براي حفظ اطلاعات ذخيره شده در يك لپ‌تاپ در ماجراي سرقت) از يك تراشه‌ي منفرد براي رمزگذاري و رمزگشايي اطلاعات استفاده مي‌شود. پارسن مي‌گويد: "با افزايش درك عمومي نسبت به فعاليت‌هاي رمزشناسي، الگوريتم‌هاي زيادي مبتني بر مسايل پيچيده‌ي رياضي به اين حوزه سرازير شد.“

قبل از هر چيز بايد بدانيم كه اين مسايل با استفاده از روش‌هاي معمول محاسبه قابل حل نيستند. همچنين بيان اين نكته ضروري است كه تنظيم اين مسايل نه تنها به مهارت‌هاي خاصي در حوزه‌ي رياضيات نيازمند است بلكه براي جلوگيري از بروز مشكلات به هنگام مبادله‌ي فايل‌ها، گروه‌هاي مختلف بايد براي استفاده از الگوريتم‌هاي مشابه رمزنويسي و رمزگشايي با يكديگر توافق داشته باشند.

درنتيجه‌ي اين محاسبات و با ظهور كامپيوترهاي مدرن در اواسط دهه‌ي 70 استانداردهاي اين رشته به بازار معرفي شد. از اولين استانداردها مي‌توانيم به استاندارد رمزنگاري اطلاعات (DES)، الگوريتمي كه از تراشه‌هايي به طول 56 بيت استفاده مي‌كند، اشاره كنيم. در آن زمان بانك‌ها از DES در دستگاه‌هاي خودكار تحويل پول استفاده مي‌كردند، اما با افزايش قدرت

پردازش، DESهاي سه‌تايي جاي آن‌ها را گرفتند. DESهاي سه‌تايي اطلاعات مشابه را سه بار و با استفاده از الگوريتم DES اجرا مي‌كردند، به اين ترتيب عملكرد آن‌را تضمين مي‌كردند.

پارسن مي‌گويد: "در اواخر دهه‌ي 80 شيوه‌ي فعاليت DESهاي سه‌تايي زير سوال قرار گرفت. يك روش رمزنويسي جديد به نام AES (استاندارد رمزنويسي پيش‌رفته) در سال 2001 پيش‌نهاد شده است و هنوز هم بي‌هيچ مشكلي پاسخ‌گوي مشكلات است.

رمزنويسي متقارن روش قابل قبولي است اما اگر مي‌خواهيد گيرنده، پيغام رمزي شما را رمزگشايي كند، چه‌گونه اطمينان حاصل مي‌كنيد كه اين پيغام به فرد مورد نظر برسد؟ مي‌توانيد تراشه را با يك تراشه‌ي ديگر رمزنويسي كنيد، اما مشكل فرستادن اين تراشه‌ي دوم به گيرنده‌ي مورد نظر هنوز هم به قوت خود باقي است. نبود امكان انتقال فيزيكي پيام‌ها در تجارت راه را براي تجاوز و رمزگشايي بدون اجازه‌ي آن‌ها براي افراد فرصت‌طلب گشوده است و اين‌جا است كه روش دوم؛ يعني رمزنگاري نامتقارن (كليد عمومي رمزگشايي) قابليت‌هاي خود را نشان مي دهد. كليد عمومي رمزگشايي از دو كليد استفاده مي‌كند: روش عمومي و روش اختصاصي. در صورت استفاده‌ي يك روش براي رمزنگاري با روش ديگر رمزگشايي مي‌كنيم. اگر شركت A قصد دارد پيغامي را به شركت B بفرستد از كليد عمومي شركت B استفاده مي‌كند. اين كليد رمزنويسي در اختيار همه‌ي كاركنان اين شركت است. با يك‌بار رمزنگاري تنها راه براي رمزگشايي اين پيغام به كاربردن كليد اختصاصي است كه فقط فرد گيرنده آن را داراست. ايجادكنندگان اين روش هم‌چنين بخش امنيتي RSA را به وجود آوردند كه در توليدات فعلي خود نيز از الگوريتم فوق استفاده مي‌كند.

مايك وگارا، رييس بخش مديريت توليد RSA، مي‌گويد: "كليد رمزنويسي متقارن همواره از روش نامتقارن سريع‌تر عمل مي‌كند، بنابراين كافي است براي رمزنگاري از روش متقارن استفاده كرده، الگوريتم RSA را براي رمزگشايي به كار بريد. كم‌ترين طول تراشه‌ي AES، 128 بيت و كم‌ترين طول تراشه‌ي الگوريتم RSA، 1024 بيت است. اما عامل برقراري توازن در اين ميان به گفته‌ي نيكو ون سومرن، رييس بخش فناوري در شركت توليدكننده‌ي تراشه‌هاي رمزنگاري، رمزگشايي RSA بسيار مشكل است. او ادعا مي‌كند كه از نظر زماني رمزگشايي تراشه‌هاي RSA، 30 هزار واحد زماني طول مي‌كشد. روش جاي‌گزين الگوريتم RSA، منحني رمزنگاري بيضوي است كه با 160 بيت كار مي‌كند. از اين منحني به عنوان كليد رمزنگاري نامتقارن در تلفن‌هاي هوش‌مند استفاده مي‌شود.

اما استفاده از این راهحل نیز مشکل تایید را حل نميکند. اگر شرکت A با استفاده از کلید عمومي B تراشهاي را رمزنگاري نکند و آن را براي شرکت B ارسال کند، با هیچ روشي نمي توانیم بفهمیم که این تراشه را شرکت A فرستاده است. ممکن است پاي دستهي سومي در میان باشد و قصد آنها از فرستادن این پیغام گیج کردن شرکتB باشد.امضاي دیجیتالي پاياني بود براي تمام این مشکلات، به این شکل که افراد تراشهها و پیغامهاي ارسالي خود را امضا ميکنند.

شرکت A با استفاده از کلید خصوصي خود امضايي دیجیتالي طراحي ميکند. مانند قبل این شرکت پیغام مورد نظر خود را با استفاده از یك الگوریتم متقارن رمزنگاري ميکند، سپس با به کاربردن کلید عمومي B تراشه را رمزنگاري ميکند. اما شرکت A با استفاده از یك الگوریتم محاسباتي به نام تابع مخرب پیغام بدون رمز را اجرا ميکند. این تابع زنجیرهاي منفرد از اعداد تولید ميکند. سپس این زنجیره را با کلید اختصاصي خود رمزنگاري ميکند. در مرحلهي آخر همهچیز به شرکت B ارسال ميشود.

مانند گذشته شرکت B از کلید اختصاصي خود براي رمزگشايي تراشهي متقارن و همچنین پیغام A استفاده ميکند. در مرحلهي بعد B از کلید عمومي A براي رمزگشايي زنجیرهي تخریب استفاده ميکند. در واقع B از همان الگوریتم مورد استفادهي A براي ساختن زنجیرهي یاد شده براي رمزگشايي به کار ميبرد. در صورت تطابق این دو الگوریتم، B به دو نکتهي اساسي پي ميبرد: اول این که این پیغام همان پیغام ارسالي A از طریق الگوریتم یاد شده است و در طول مسیر، مورد سو استفاده قرار نگرفته است. دیگر این که این پیغام، به طور قطع از جانب A ارسال شده است؛ زیرا B با کلید عمومي A آن را رمزگشايي کرده است. به این معنا که این پیغام با کلید اختصاصي مشابهي رمزنگاري شده است.

الگوریتمهاي مخرب، مانند رمزنگاري متقارن ویژگيهاي متنوعي دارد. MD5 هنوز هم در بسیاري از سیستمها کاربرد دارد، اما در اواسط دههي 90 آژانس امنیت ملي، SHA-1 را جاي گزین آن کرد. البته امنیت این روش نیز توسط جامعهي رمزنگاران مورد سوال قرار گرفته است.

البته باید توجه داشته باشیم که شکست یك الگوریتم تمام یك پروژه را زیر سوال نميبرد. دیوید نکاش، نایب رییس بخش تحقیقات و نوآوري شرکت کارت هوشمند گمپلوس، ميگوید: "وقتي کل عملکرد یك تابع زیر سوال قرار ميگیرد، نتایج مستقیم و بلافاصله نیستند. بسیاري از ایرادها در مرحلهي نظري باقي مانده، در دنیاي واقعیت تحقق نميیابند. به طور معمول کمیتهي

رمزنگاري پس از يك حملهي تئوريك همهي جوانب را بررسي و راهكارهاي لازم را به اطلاع افراد ميرساند.

كليد عمومي رمزگشايي هنوز هم با مشكلات زيادي روبهرو است، براي مثال همواره بايد از صحت كليدهاي عمومي و اختصاصي و جلوگيري از سواستفادهي برخي افراد، از آنها مطمئن شد. برخي سازمانهاي تاييد شده (مانند VeriSign) براي مديريت و كنترل توليد اين كليدها (زيربناي كليدهاي عمومي(PKI)) ايجاد شده است. اين سازمانها علامتهاي مشخصي را براي كليدهاي شركتها در نظر ميگيرند. البته به دليل مشكلاتي كه از جانب برخي شركتها مانند شركت پشتيباني فناوري بالتيمور ايجاد شد، افراد ديرتر از آنچه كه انتظار ميرفت به اين روش اعتماد كردند.

با تمام اين توضيحات چه مشكلي وجود داشت؟ اندي مالهلند، مدير بخش فناوري روز در كيجميني، ميگويد: "در آن زمان پرداختن به چنين مسالهاي هنوز خيلي زود بود. 5 سال در زمان توسعهي PKI افراد نامناسبي به تجارت آنلاين مشغول بودند. در آن زمان حجم تجارت آنلاين بسيار كم بود." او ميگويد: "ما در واقع بدون هيچ فعاليت بازرگاني تبليغي موفقيت زيادي در PKI به دست آورديم. اما اگر PKI در سال 2005 ايجاد شده بود، عكسالعملها متفاوت بود."

وكلاي PKI مانند وگارا براي مبارزه با اين نظريهي عمومي كه استفاده از PKI را براي مصرفكنندگان مشكل ميداند، بيشتر فناوري مربوط به كليد عمومي مانند Secure Sockets Layer و Transport Layer Security را در اختيار عموم قرار ميدهد. اين فناوري آيكن قفل مربوط به مرورگر امنيتي را دربر دارد. براي بهرهبرداري از اين امكان نيازي به هيچ مجوزي نيست.

آرتر بارنز، مشاور ارشد موسسهي امنيتي دياگنال، ميگويد در بسياري موارد وقتي به مجوز هر دو گروه مشتري و سرور نياز باشد PKI براي مصرفكنندگان مشهود و كارآمد نيست.

افرادي كه اين مطلب را باور ندارند بايد به مقالهي "چرا جاني نميتواند به راحتي به هر جا كه ميخواهد سرك بكشد؟" نوشتهي آلما ويتن نگاهي بيندازند. اين مقاله به بررسي اين مطلب مي پردازد كه بسياري از افراد تحمل صرف 90 دقيقه براي امضا و رمزنگاري پيغامهاي خود را ندارند و به همين دليل عدهي بسياري از شركتكنندگان در تست ويتن در اين تست شكست خوردند.

شرکت‌کنندگان در آزمون از PGP، يك ابزار نرم‌افزاري كليد عمومي رمزنگاري ساخته‌ي فيل زيمرمن در سال 1991، استفاده مي‌كردند. عملكرد PGP خارق‌العاده است؛ زيرا مشكلات مجوز بسياري از گونه‌هاي PKI را با به كار بردن "دنياي وب تاوم با اعتماد" پشت سر گذاشته بود. در اين مدل مجوز گواهي‌نامه جاي خود را به افراد مورد اعتمادي كه با امضا كردن به جاي ديگران كليدهاي آن‌ها را تاييد مي‌كنند.

PGP زيمرمن را در تعرض با دولت ايالات متحده قرار داد، مسئولان امنيتي اين دولت معتقدند اين روش كنترل امنيتي را دچار مشكل مي‌كند. مساله تا جايي پيش رفت كه مسئولان امنيتي ايالات متحده عليه او اقامه‌ي دعوي كردند. مساله‌ي دخالت حكومت‌ها در رمزنگاري هنوز هم مورد اعتراض بسياري از شركت‌هاي خصوصي است. گذشته از كنترل خارجي آگاهي دولت ها از رمزها و توانايي آن‌ها به رمزگشايي، هسته‌ي مركزي اين مجادلات را به خصوص در انگلستان و پس از تصويب قانون نظارتي قدرت تحقيقات در سال 2000، تشكيل مي‌دهد.

گوين مك‌گينتي، مشاور حقوقي در مركز مشاوره‌ي IT پينسنت ماسنز، مي‌گويد: اين قانون دولت‌ها را در شرايط خاصي مجاز به جستوجو در حريم خصوصي اشخاص مي‌داند. "اولين اصل در اين مورد اين است كه شركت‌ها در صورت امكان مي‌توانند اطلاعات مورد نياز ماموران دولت را در بدون كليد آن در اختيار آن‌ها قرار دهند، در غير اين صورت رمزگشايي مجاز است."

همه‌ي اين مسايل در بررسي‌هاي اوليه پاسخگو به نظر مي‌رسد، اما برخي روش‌هاي رمزنگاري مانند steganography كارايي چنين قوانيني را زير سوال مي‌برد. در اين روش گونه اي از اطلاعات در پس‌زمينه‌ي گونه‌ي ديگر پنهان مي‌شود: براي مثال يك پرونده‌ي فايل word در پس‌زمينه‌ي يك فايل Jpeg.

ويژگي‌هاي اين ابزار جديد چندان مورد توجه بارنز قرار نگرفته است. او مي‌گويد:

"steganography به عنوان يك ابزار غير قابل كشف به بازار عرضه شده است ولي در مدتي كوتاه عكس اين مطلب اثبات شده است. فقط بايد بدانيد دنبال چه نوع اطلاعاتي مي‌گرديد."

امروزه علم رمزنگاري به مرحله‌اي از رشد و پختگي رسيده است كه به راحتي در معرض تغييرات گسترده قرار نمي‌گيرد. الگوريتم‌هاي متقارن و نامتقارن زيادي وجود دارند كه براي راضي نگاهداشتن طرفداران رمز و رمزنگاري كفايت مي‌كنند و بسياري از آن‌ها براي مديران IT قابل تشخيص نيستند.

با وجود اين چالش‌ها همچنان به قوت خود باقي است. عملکرد ضعیف PKI گودلي عميق در بازار جهاني رمزنگاري برجاي گذاشته است. براي پر كردن اين فواصل به نوعي مدل مديريت شناخت نياز است.

رمزنگاري در شبکه

مراحل اوليه ايجاد امنيت در شبکه

شبکه هاي کامپيوتري زير ساخت لازم براي عرضه اطلاعات در يک سازمان را فراهم مي نمايند . بموازات رشد و گسترش تکنولوژي اطلاعات، مقوله امنيت در شبکه هاي کامپيوتري ، بطور چشمگيري مورد توجه قرار گرفته و همه روزه بر تعداد افرادي که علاقه مند به آشنائي با اصول سيستم هاي امنيتي در اين زمينه مي باشند ، افزوده مي گردد . در اين مقاله ، پيشنهاداتي در رابطه با ايجاد يک محيط ايمن در شبکه ، ارائه مي گردد .

سياست امنيتي

يک سياست امنيتي، اعلاميه اي رسمي مشتمل بر مجموعه اي از قوانين است که مي بايست توسط افراديکه به يک تکنولوژي سازمان و يا سرمايه هاي اطلاعاتي دستيابي دارند، رعايت و به آن پايبند باشند . بمنظور تحقق اهداف امنيتي ، مي بايست سياست هاي تدوين شده در رابطه با تمام کاربران ، مديران شبکه و مديران عملياتي سازمان، اعمال گردد . اهداف مورد نظر عموما" با تاکيد بر گزينه هاي اساسي زير مشخص مي گردند .

" سرويس هاي عرضه شده در مقابل امنيت ارائه شده ، استفاده ساده در مقابل امنيت و هزينه ايمن سازي در مقابل ريسک از دست دادن اطلاعات "

مهمترين هدف يک سياست امنيتي ، دادن آگاهي لازم به کاربران، مديران شبکه و مديران عملياتي يک سازمان در رابطه با امکانات و تجهيزات لازم ، بمنظور حفظ و صيانت از تکنولوژي و سرمايه هاي اطلاعاتي است . سياست امنيتي ، مي بايست مکانيزم و راهکارهاي مربوطه را با تاکيد بر امکانات موجود تبين نمايد . از ديگر اهداف يک سياست امنيتي ، ارائه يک خط اصولي براي پيکربندي و مميزي سيستم هاي کامپيوتري و شبکه ها ، بمنظور تبعيت از سياست ها است . يک سياست امنيتي مناسب و موثر ، مي بايست رضايت و حمايت تمام پرسنل موجود در يک سازمان را بدنبال داشته باشد .

يک سياست امنيتي خوب داراي ويژگي هاي زير است :

- امکان پياده سازي عملي آن بکمک روش هاي متعددي نظير رويه هاي مديريتي، وجود داشته باشد .
- امکان تقويت آن توسط ابزارهاي امنيتي ويا دستورات مديريتي در موارديکه پيشگيري واقعي از لحاظ فني امکان پذير نيست ، وجود داشته باشد .

- محدوده مسئوليت کاربران ، مديران شبکه و مديران عملياتي بصورت شفاف مشخص گردد .
- پس از استقرار، قابليت برقراي ارتباط با منابع متفاوت انساني را دارا باشد . (يک بار گفتن و همواره در گوش داشتن)
- داراي انعطاف لازم بمنظور برخورد با تغييرات درشبکه باشد .(سياست هاي تدوين شده ، نمونه اي بارز از مستندات زنده تلقي مي گردنند .)

سيستم هاي عامل و برنامه هاي کاربردي : نسخه ها و بهنگام سازي

در صورت امکان، مي بايست از آخرين نسخه سيستم هاي عامل و برنامه هاي کاربردي بر روي تمامي کامپيوترهاي موجود در شبکه (سرويس گيرنده ، سرويس دهنده ، سوئيچ، روتر، فايروال و سيستم هاي تشخيص مزاحمين) استفاده شود . سيستم هاي عامل و برنامه هاي کاربردي مي بايست بهنگام بوده و همواره از آخرين امکانات موجود بهنگام سازي (patches , service hotfixes pack ,) استفاده گردد . در اين راستا مي بايست حساسيت بيشتري نسبت به برنامه هاي آسيب پذير که زمينه لازم براي متجاوزان اطلاعاتي را فراهم مي نمايند ، وجود داشته باشد .

برنامه هاي : BIND , Internet Explorer , OutLook, IIS و sendmail بدليل وجود نقاط آسيب پذير مي بايست مورد توجه جدي قرار گيرند . متجاوزان اطلاعاتي ، بدفعات از نقاط آسيب پذير برنامه هاي فوق براي خواسته هاي خود استفاده کرده اند .

شناخت شبکه موجود

بمنظور پياده سازي و پشتيباني سيستم امنيتي ، لازم است ليستي از تمام دستگاههاي سخت افزاري و برنامه هاي نصب شده ، تهيه گردد . آگاهي از برنامه هائي که بصورت پيش فرض نصب شده اند، نيز داراي اهميت خاص خود است (مثلا" برنامه IIS بصورت پيش فرض توسط SMS و يا سرويس دهنده SQL در شبکه هاي مبتني بر ويندوز نصب مي گردد) . فهرست برداري از سرويس هائي که بر روي شبکه در حا ل اجراء مي باشند، زمينه را براي پيمايش و تشخيص مسائل مربوطه ، هموار خواهد کرد .

سرويس دهندگان TCP/UDP و سرويس هاي موجود در شبکه

تمامي سرويس دهندگان TCP/UDP در شبکه بهمراه سرويس هاي موجود بر روي هر کامپيوتر در شبکه ، مي بايست شناسائي و مستند گردند . در صورت امکان، سرويس دهندگان و سرويس هاي غير ضروري، غير فعال گردند . براي سرويس دهندگاني که وجود آنان ضروري

تشخيص داده مي شود، دستيابي به آنان محدود به كامپيوترهائي گردد كه به خدمات آنان نيازمند مي باشند . امكانات عملياتي را كه بندرت از آنان استفاده و داراي آسيب پذيري بيشتري مي باشند ، غير فعال تا زمينه بهره برداري آنان توسط متجاوزان اطلاعاتي سلب گردد. توصيه مي گردد ، برنامه هاي نمونه ((Sample تحت هيچ شرايطي بر روي سيستم هاي توليدي (سيستم هائي كه محيط لازم براي توليد نرم افزار بر روي آنها ايجاد و با استفاده از آنان محصولات نرم افزاري توليد مي گردند) نصب نگردند .

رمزعبور

انتخاب رمزعبور ضعيف ، همواره يكي از مسائل اصلي در رابطه با هر نوع سيستم امنيتي است . كاربران، مي بايست متعهد و مجبور به تغيير رمز عبور خود بصورت ادواري گردند . تنظيم مشخصه هاي رمز عبور در سيستم هاي مبتني بر ويندوز، بكمک Account Policy صورت مي پذيرد . مديران شبكه، مي بايست برنامه هاي مربوط به تشخيص رمز عبور را تهيه و آنها را اجراء تا آسيب پذيري سيستم در بوته نقد و آزمايش قرار گيرد .

برنامه هاي Ripper john the ، LOphtcrack و Crack ، نمونه هائي در اين زمينه مي باشند . به كاربراني كه رمز عبور آنان ضعيف تعريف شده است ، مراتب اعلام و در صورت تكرار اخطار داده شود (عمليات فوق، مي بايست بصورت متناوب انجام گيرد) . با توجه به اينكه برنامه هاي تشخيص رمزعبور،زمان زيادي از پردازنده را بخود اختصاص خواهند داد، توصيه مي گردد، رمز عبورهاي كد شده (ليست SAM بانک اطلاعاتي در ويندوز) را بر روي سيستمي ديگر كه در شبكه نمي باشد، منتقل تا زمينه بررسي رمزهاي عبور ضعيف ، فراهم گردد . با انجام عمليات فوق برروي يک كامپيوتر غير شبكه اي ، نتايج بدست آمده براي هيچكس قابل استفاده نخواهد بود(مگراينكه افراد بصورت فيزيكي به سيستم دستيابي پيدا نمايند) .

براي تعريف رمز عبور، موارد زير پيشنهاد مي گردد :

- حداقل طول رمز عبور، دوازده و يا بيشتر باشد .
- دررمز عبور از حروف كوچک، اعداد، كاراكترهاي خاص و Underline استفاده شود.
- از كلمات موجود در ديكشنري استفاده نگردد .
- رمز هاي عبور ، در فواصل زماني مشخصي (سي و يا نود روز) بصورت ادواري تغيير داده شوند .

• كاربراني كه رمزهاي عبور ساده و قابل حدسي را براي خود تعريف نموده اند،
تشخيص و به آنها تذكر داده شود .(عمليات فوق بصورت متناوب و در فواصل زماني
يك ماه انجام گردد).

عدم اجراي برنامه ها ئي كه منابع آنها تاييد نشده است .

در اغلب حالات ، برنامه هاي كامپيوتري در يك چارچوب امنيتي خاص مربوط به كاربري
كه آنها را فعال مي نمايد ، اجراء مي گردند.دراين زمينه ممكن است، هيچگونه توجه اي به
ماهيت منبع ارائه دهنده برنامه توسط كاربران انجام نگردد . وجود يك زير ساخت PKI)
Public key infrastructure) ، در اين زمينه مي تواند مفيد باشد . در صورت عدم وجود
زيرساخت امنيتي فوق ، مي بايست مراقبت هاي لازم در رابطه با طرفندهاي استفاده شده توسط
برخي از متجاوران اطلاعاتي را انجام داد . مثلا" ممكن است برخي آسيب ها در ظاهري كاملا"
موجه از طريق يك پيام الكترونيكي جلوه نمايند . هرگز يك ضميمه پيام الكترونيكي و يا برنامه
اي را كه از منبع ارسال كننده آن مطمئن نشده ايد ، فعال و يا اجراء ننمائيد . همواره از برنامه اي
نظير Outlook بمنظور دريافت پيام هاي الكترونيكي استفاده گردد . برنامه فوق در يك ناحيه
محدوده شده اجراء و مي بايست امكان اجراي تمام اسكريپت ها و محتويات فعال براي ناحيه
فوق ، غير فعال گردد .

ايجاد محدوديت در برخي از ضمائم پست الكترونيكي

ضرورت توزيع و عرضه تعداد زيادي از انواع فايل هاي ضميمه ، بصورت روزمره در
يك سازمان وجود ندارد .بمنظور پيشگيري از اجراي كدهاي مخرب ، پيشنهاد مي گردد اين نوع
فايل ها ،غير فعال گردند . سازمان هائي كه از Outlook استفاده مي نمايند، مي توانند با استفاده
از نسخه 2002 اقدام به بلاك نمودن آنها نمايند . (براي ساير نسخه هاي Outlook مي توان از
Patch امنيتي مربوطه استفاده كرد) .
فايل هاي زير را مي توان بلاك كرد :

نوع فايل هائي كه مي توان آنها را بلاك نمود .
.bas .hta .msp .url .bat .inf .mst .vb .chm
.ins .pif .vbe
.cmd .isp .pl .vbs .com .js .reg .ws .cpl .jse .scr

.wsc	.crt
.lnk .sct .wsf .exe .msi .shs .wsh	

در صورت ضرورت مي توان ، به ليست فوق برخي از فايل ها را اضافه و يا حذف كرد.
مثلا" با توجه به وجود عناصر اجرائي در برنامه هاي آفيس ، ميتوان امكان اجراي برنامه ها را
در آنان بلاك نمود . مهمترين نكته در اين راستا به برنامه Access بر مي گردد كه برخلاف
ساير اعضاء خانواده آفيس ، داراي امكانات حفاظتي ذاتي در مقابل ماكروهاي آسيب رسان نمي
باشد .

پايبندي به مفهوم كمترين امتياز

اختصاص حداقل امتياز به كاربران، محور اساسي درپياده سازي يك سيتم امنيتي است.
رويكرد فوق بر اين اصل مهم استوار است كه كاربران مي بايست صرفا" داراي حقوق و
امتيازات لازم بمنظور انجام كارهاي مربوطه باشند (بذل و بخشش امتيازات در اين زمينه شايسته
نمي باشد!) . رخنه در سيستم امنيتي از طريق كدهاي مخربي كه توسط كاربران اجراء مي
گردند،تحقق مي يابد . در صورتيكه كاربر، داراي حقوق و امتيازات بيشتري باشد ، آسيب
پذيري اطلاعات در اثر اجراي كدها ي مخرب ، بيشتر خواهد شد . موارد زير براي اختصاص
حقوق كاربران ، پيشنهاد مي گردد :

- تعداد account مربوط به مديران شبكه، مي بايست حداقل باشد .
- مديران شبكه ، مي بايست بمنظور انجام فعاليت هاي روزمره نظير خواندن پيام
هاي پست الكترونيكي ، از يك account روزمره در مقابل ورود به شبكه بعنوان
administrator ،استفاده نمايند .
- مجوزهاي لازم براي منابع بدرستي تنظيم و پيكربندي گردد . در اين راستا مي
بايست حساسيت بيشتري نسبت به برخي از برنامه ها كه همواره مورد استفاده متجاوزان
اطلاعاتي است ، وجود داشته باشد . اين نوع برنامه ها ، شرايط مناسبي براي متجاوزان
اطلاعاتي را فراهم مي نمايند. جدول زير برخي از اين نوع برنامه ها را نشان مي دهد .

برنامه هاي مورد توجه متجاوزان اطلاعاتي
explorer.exe,   regedit.exe,   poledit.exe,
taskman.exe,   at.exe,

cacls.exe,cmd.exe, finger.exe, ftp.exe, nbstat.exe, net.exe, net1.exe,netsh.exe, rcp.exe, regedt32.exe, regini.exe, regsvr32.exe,rexec.exe, rsh.exe, runas.exe, runonce.exe, svrmgr.exe,sysedit.exe, telnet.exe, tftp.exe, tracert.exe, usrmgr.exe,wscript.exe,xcopy.exe

- رویکرد حداقل امتیاز ، مي تواند به برنامه هاي سرويس دهنده نيز تعميم يابد . در اين راستا مي بايست حتي المقدور، سرويس ها و برنامه ها توسط يک account كه حداقل امتياز را دارد ،اجراء گردند .

مميزي برنامه ها

اغلب برنامه هاي سرويس دهنده ، داراي قابليت هاي مميزي گسترده اي مي باشند . مميزي مي تواند شامل دنبال نمودن حركات مشكوک و يا برخورد با آسيب هاي واقعي باشد . با فعال نمودن مميزي براي برنامه هاي سرويس دهنده و كنترل دستيابي به برنامه هاي كليدي نظير برنامه هائي كه ليست آنها در جدول قبل ارائه گرديد، شرايط مناسبي بمنظور حفاظت از اطلاعات فراهم مي گردد .

چاپگر شبكه

امروزه اغلب چاپگرهاي شبكه داراي قابليت هاي از قبل ساخته شده براي سرويس هاي FTP,WEB و Telnet بعنوان بخشي از سيستم عامل مربوطه ، مي باشند . منابع فوق پس از فعال شدن ، مورد استفاده قرار خواهند گرفت . امكان استفاده از چاپگرهاي شبكه بصورت FTP Bound servers ، Telnet و يا سرويس هاي مديريتي وب ، وجود خواهد داشت . رمز عبور پيش فرض را به يک رمز عبور پيچيده تغيير و با صراحت پورت هاي چاپگر را در محدوده روتر / فايروال بلاک نموده و در صورت عدم نياز به سرويس هاي فوق ، آنها را غير فعال نمائيد .

پروتکل SNMP(Simple Network Management Protocol)

پروتکل SNMP ، در مقیاس گسترده اي توسط مديران شبكه بمنظور مشاهده و مديريت تمام كامپيوترهاي موجود در شبكه (سرويس گيرنده ، سرويس دهنده، سوئيچ ، روتر، فايروال) استفاده مي گردد .SNMP ، بمنظور تاييد اعتبار كاربران ، از روشي غير رمز شده استفاده مي نمايد . متجاوزان اطلاعاتي ، مي توانند از نفطه ضعف فوق در جهت اهداف سوء خود استفاده نمايند . در چنين حالتي، آنان قادر به اخذ اطلاعات متنوعي در رابطه با عناصر موجود در شبكه بوده و حتي امكان غير فعال نمودن يک سيستم از راه دور و يا تغيير پيكربندي سيستم ها وجود خواهد داشت . در صورتيكه يک متجاوز اطلاعاتي قادر به جمع آوري ترافيک SNMP دريک شبكه گردد، از اطلاعات مربوط به ساختار شبكه موجود بهمراه سيستم ها و دستگاههاي متصل شده به آن ، نيز آگاهي خواهد يافت . سرويس دهندگان SNMP موجود بر روي هر كامپيوتري را كه ضرورتي به وجود آنان نمي باشد ، غير فعال نمائيد . در صورتيكه بهر دليلي استفاده از SNMP ضروري باشد ، مي بايست امكان دستيابي بصورت فقط خواندني در نظر گرفته شود . در صورت امكان، صرفا" به تعداد اندكي از كامپيوترها امتياز استفاده از سرويس دهنده SNMP اعطاء گردد .

تست امنيت شبكه

مديران شبكه هاي كامپيوترهاي مي بايست، بصورت ادواري اقدام به تست امنيتي تمام كامپيوترهاي موجود در شبكه (سرويس گيرندگان، سرويس دهندگان، سوئيچ ها ، روترها ، فايروال ها و سيتستم هاي تشخيص مزاحمين) نمايند. تست امنيت شبكه ، پس از اعمال هر گونه تغيير اساسي در پيكربندي شبكه، نيز مي بايست انجام شود .

رمزنـگاري و امنيت تبادل داده

1- مقدمه

رمزنگاري از دير بازبه عنوان يك ضرورت براي حفاظت ازاطلاعات خصوصي در مقابل دسترسي - هاي غير مجاز درتجارت و سياست و مسايل نظامي وجود داشته است به طور مثال تلاش براي ارسال يك پيام سري بين دو هم پيمان به گونه اي كه حتي اگر توسط دشمن دريافت شود قابل درك نباشد، در رم قديم نيزديده شده است(رمز سزار).در ساليان اخير رمزنگاري وتحليل رمز از يك هنر پا را فراترگذاشته ويك علم مستقل شده است و در واقع به عنوان يك وسيله عملي براي ارسال اطلاعات محرمانه روي كانا ل هاي غير امن همانند تلفن ، ماكرويو و ماهواره ها شناخته مي شود.پيشرفت علم رمز نگاري موجب به وجود آمدن روشهاي تحليل مختلفي شده است به گونه اي كه به طور متناوب سيستم هاي رمز مختلف شكسته شده اند . معروف ترين نمونه اين نوع سيستمها ماشين «انيگما » بوده است . انيگما ماشين رمز گذار و كد گذار وكد كننده اي بوده است كه حزب نازي در زمان جنگ جهاني دوم براي ارسال پيام ها يشان از طريق راديو به ساير نقاط استفاده مي كردند .

رمزنگاري كه به طور عمده به دو بخش رمزنگاري متقارن يا رمزنگاري با كليد خصوصي و رمزنگاري نامتقارن يا رمزنگاري با كليد عمومي صورت مي گيرد، تلاش مي كند براي ايجاد يك ارتباط سري از طريق سيستمهاي مخابراتي و شبكه هاي كامپيوتري مباحث مربوط به محرمانگي و احراز هويت، را تحت فرضهاي مشخص به درستي اثبات نمايد .

2- الگوريتم هاي رمزنگاري كليد خصوصي

رمزهاي كليد خصوصي بر مبناي نوع عملكرد ، چگونگي طراحي و پياده سازي و كاربردهايشان به دو گونه رمزهاي قطعه اي و رمزهاي دنباله اي تقسيم مي شوند . كه در هر يك از آ نها عملكرد رمز نگاري به صورت يك عملكرد دوجانبه بين دو طرف فرستنده و گيرنده مي باشد كه با ايجاد يك ارتباط اوليه با يكديگر روي كليد خصوصي توافق ميكنند به گونه اي كه دشمن آن كليد را نداند. فرستنده Sمي خواهد پيام m1,…mi را به گونه اي به طرف گيرنده R بفرستد كه او بتواند به محتواي پيام دست يابد و در عين حال حريف مخالف A نتواند محتواي پيام را درك كند حتي اگر A تمامي آنچه بين R و S انتقال مي يابد را دريافت نمايد.

به همین منظور فرستنده S هر متن روشن mi رابه وسیله الگوریتم رمزگذاری E و کلید خصوصي به متن رمز شده تبدیل میکند ودریافت کننده نیزکه متن رمز شده را دریافت کرده مي تواند با الگوریتم رمز گشائي D و کلید خصوصي متن اصلي را بدست آورد.

2-1- رمزهاي دنباله اي

در طراحي رمزهاي دنباله اي يك مولد بيت شبه تصادفي نقش توليد كننده رشته كليد را براي سيستم رمزدنبال‌ه اي دارد . در واقع اين مولد ميتواند مولد رشته كليد نيز محسوب شود . از ديدگاه رمز نگاري يك مولد رشته كليد امن بايد داراي سه پارامتر مهم زير باشد :

1- پريود رشته كليد توليد شده بايد به حد كافي بزرگ باشد تا با طول پيام ارسال شده سازگاري داشته باشد .

2- دنباله بيت خروجي حاصله از مولد بايد به راحتي قابل توليد كردن باشد .

3- بيتهاي خروجي بايد به سختي قابل پيش بيني باشند .

در واقع با در اختيار داشتن مولد و اولين n بيت خروجي a(0) ، a(1) ....a(n-1) از لحاظ محاسباتي پيش بيني بيت n+1 ام يعني a(n+1) در دنباله با احتمال بيشتر از ½ بايد غير ممكن باشد.

حال مسئله اصلي اين است با كدام مبنا واصولي ميتوان اين نتيجه گيري را انجام داد كه سيگنال هاي خروجي از يك مولد رشته كليد به سختي قابل پيش بيني است ؟ به طور كلي اصولي قابل بررسي و كاربردي ارائه شده است تا امنيت مولد هاي بيت را ضمانت كند . در واقع تا كنون روشهاي بسياري براي توليد رشته كليدهاي امن پيشنهاد شده است و در مقابل نيز تحليل هائي طرح شده است كه با توجه به پيچيده ترشدن دنباله ها به صورت ماهرانه تري به تحليل دنباله ها مي پردازند. در ادامه به برخي از روشهاي توليد بيت هاي شبه تصادفي مي پردازيم.

2-1-1- ساختار مولد هاي بيت شبه تصادفي و رمزهاي دنباله اي

غير قابل پيش بيني بودن يك دنباله همانند تصادفي بودن آن تعبير مي شود براي اينكه يك دنباله تصادفي باشد پريود آن بايد به حد كافي بزرگ باشد و همچنين تكه هاي گوناگون درون دنباله داراي توزيعي تا حد ممكن يكنواخت باشند. در اينجا به طور خلاصه چندروش توليد بيت هاي شبه تصادفي ودنباله هاي شبه تصادفي شرح داده شده است .در اين روش ها به طور مشخص ثبات هاي انتقال خطي براي ساختن مولدها به كار گرفته شده اند.

2-1-2- مولدهاي همنهشتي خطي(LCG)

در این روش براي تولید اعداد شبه تصادفي از روابط بازگشتي نظیر $x_{j+1}=ax_j+b$ بهره گرفته میشود .در اینجا سه تا ئي (m،b،a) پارامترهائي را مشخص میکنند ،که مولد را شرح میدهند از این سه تائي به عنوان کلید مخفي میتوان استفاده کرد.با توجه به اینکه x_0 هسته مولد میباشد ، اگر پارامترها بدقت انتخاب شوند اعدادي نظیر xj به صورت تکراري نخواهیم داشت مگر آنکه تمامي اعداد صحیح درون فاصله [0,m-1] در خروجي ظاهر شده باشند .« بویر» نشان داد که دنباله هاي تولید شده توسط LCG ها از نظر رمز نگاري امن نیستند . درواقع با در اختیار داشتن قطعه اي طولاني ازدنباله میتوان با روشهائي پارامترهاي mو b و aرا بازسازي نمود .

2-1-3- ثبات هاي انتقال پس خور (FSR)

دنباله هاي مورد استفاده در رمزنگاري مي توانند بر مبناي ثبات هاي انتقال طراحي بشوند حتي وقتي که داراي پس خوري خطي باشند . یك ثبات انتقال پس خور از N فلیپ فلاپ و یك تابع پس خور تشکیل شده است . تابع پس خور هر عنصر جدید همانند a (t) از دنباله را به صورت جزئي از عناصري که از قبل تولید شده اند همانند a(t-1) ،...... a(t-n-1) ، a(t-n) بیان مي کند . گونه اي از توابع پس خور وجود دارند که به صورت زیر عمل میکنند:

$$a(t) = g(a(t-1), a(t-2) \ldots\ldots\ldots, a(t-n+1)) \square\ a(t-n)$$

بسته به اینکه آیا تابع g خطي است (با عملگر Xor تنها قابل اجراست) یانه ،مولد یك ثبات انتقال پس خور خطي (LFSR) یا ثبات انتقال پس خور غیر خطي (NLFSR) خوانده مي شود.

پریود دنباله تولید شده بوسیله یك FSR به تعداد مراحل ذخیره سازي و جزئیات اتصال پس خور بستگي خواهد داشت و بطور کلي حداکثر پریود یك دنباله که توسط یك FSR داراي n مرحله تولید میشود ، 2^n خواهد بود .

2-1-4- ثبات هاي انتقال پس خور غیر خطي (NLFSR)

دیاگرام حالت گونه هائي از FSR ها میتواند شامل چرخه هاي کوچك باشد و حالات تکراري داشته باشد و دنباله اگر در یکي از این حالات قرار بگیرد ممکن است نا امن شود . یك روش مناسب طراحي ثبات انتقال n مرحله اي که دنباله هائي با حداکثر پریود 2^n تولید مي نماید و دنباله هاي « دي بروئن » مي باشد.که تعداد دنباله هاي ممکنn مرحله اي آن به بزرگي $2^{(2n-1)-n}$ میباشد.که همگي آنها داراي توزیعهاي ایده آلي میباشند .اما این دنباله ها که از ثبات هاي

انتقال غير خطي ساخته ميشوند داراي مشكلاتي براي پياده سازي توسط الگوريتمهاي شناخته شده هستند . همچنين توليد سريع اين دنباله ها به سختي صورت مي گيرد . همچنين برخي از خواص همبستگي بين عناصر توليد شده مي تواند راهكارهاي مناسبي براي تحليل اين دنباله ها ايجاد نمايد .

2-1-5- ثبات هاي انتقال پس خور خطي (LFSR)

اين ثبات ها مدت ها براي كدهاي كنترل خطا ، آزمايشهاي VLSI و مخابرات طيف گسترده مورد استفاده بوده اند و از جمله مهمترين اجزاء در ساختار مولدهاي شبه تصادفي مي با شند آنها توابع پس خوري به شكل زير دارند .

$$a(t) = c1\, a(t-1) \oplus c2\, a(t-2) \oplus \ldots\ldots\ldots\ldots \oplus c(n-1)\, a(t-n-1) \oplus a(t-n)$$

$$c\, i \in [0,1]$$

و با چند جمله اي پس خور زير نشان داده ميشوند .

$$f(n) = 1 + c1x + c2x^2 + \ldots\ldots + c_{(n-1)}\, x^{(n-1)} + x^{(n)}$$

به طور كلي براي اينكه حداكثر پريود ممكن 2^n-1 را براي دنباله خروجي از يك LFSR داشته باشيم ، چند جمله اي پس خور آن مي بايد اوليه باشد . تعداد چند جمله اي هاي اوليه درجه n از رابطه $\phi(2^n-1)/n$ بدست مي آيد كه$\phi(n)$ نمايانگر تابع اويلر مي باشد كه تعداد اعداد صحيح مثبت و اول كوچكتر از عدد n را نشان ميدهد .

به هر صورت با توجه به توابع توزيع احتمال اين دنباله ها با حداكثر پريود ديده مي شود كه خواص آماري مطلوبي در اين دنباله ها به وجود مي آيد . اما در برابر اين خصوصيات مولد هاي شبه تصادفي وبه علت استفاده گسترده از ثبات هاي انتقال در اين گونه مولدها روش هاي تحليل فراواني نيز براي تحليل دنباله خروجي حاصل طرح شده كه استفاده از اين ثبات ها را در ساختار مولدهاي بيت شبه تصادفي دچار مشكل مي كند .

2-1-6- كاربردهاي رمزهاي دنباله اي ،مزايا و معايب

بسياري از رمزهاي دنباله اي كاربردي بر مبناي LFSR ها عمل مي نمايند و از آنجائيكه يك ثبات انتقال در واقع آرايه اي از بيت هاي حافظه و يك سري فيدبك مي باشد و با يك سري Xor قابل پياده سازي است ، مي توان امنيت قابل توجهي را تنها با تعداد كمي گيت منطقي بدست آورد .بنابراين رمزهاي دنباله اي مي توانند براي مصارف سخت افزاري بسيار مؤثر و كارا باشند .

اما در عين حال مشكلي كه LFSR ها و در نتيجه رمزهاي دنباله اي مبتني بر آنها دارند ، ناكارآمد بودن آنها در نرم افزار است . در واقع براي مناسبت هاي نرم افزاري چندجمله ايهاي فيدبك و تعداد فيدبك ها بسيار مهم مي باشد. در حاليكه مؤثر انتخاب نكردن اين چندجمله ايها امكان حملات وابستگي را نيز ممكن است فراهم آورد .

بنابراين رمزهاي دنباله اي حتي انواع ساده تر آنها در اجراهاي نرم افزاري نمي توانند سريعتر از رمزهاي قطعه اي عمل نمايند . رمزهاي دنباله اي به علت پياده سازي مؤثرتر سخت افزاري كاربردهاي فراواني در صنايع نظامي به خصوص خطوط مخابرات نظامي دارند . از آنجا كه در اينگونه رمزها هر يك از بيت هاي داده هاي اصلي به صورت مستقل رمز مي شوند ، بكارگيري اينگونه رمزها در لينك هاي مخابراتي پر از اغتشاش و نويز به جهت امكان آشكارسازي و تصحيح خطاها مؤثرتر مي باشد . در عين حال كه براي رمز نمودن حجم عظيمي از داده ها بعلت سرعت اجراي بالا، رمزهاي دنباله اي مي توانند گزينه مناسبي باشند . همانطور كه در سيستم هاي امنيت مخابراتي و رمزنگاري نظير BEU ها ديده مي شود .

تحليل و آناليز نمودن رمزهاي دنباله اي نيز معمولاً ساده تر از رمزهاي قطعه اي صورت مي گيرد . در عين حال امكان طرح حملات وابستگي بر روي اينگونه سيستم ها كه بر مبناي ثبات هاي انتقال خطي عمل مي نمايند ، بيشتر است اغليب رمزنگارها سعي مي نمايند اجزاء مختلف اينگونه الگوريتم ها را در حالتي غيرخطي تركيب نمايند و يا از ثبات هاي انتقال غيرخطي استفاده نمايند تامصونيت وابستگي لازم پديد آيد.

2-1-7- نمونه هاي رمزهاي دنباله اي پياده سازي شده

رمزهاي دنباله اي بسياري در طرح هاي مختلف پياده سازي شده اند .

A5 يك الگوريتم رمز دنباله اي است كه براي رمز نمودن سيستم ارتباط گروهي موبايل و يا در واقع سيستم مخابراتي GSM به كار مي رود . اين الگوريتم براي رمز نمودن لينك ارتباطي ميان گوشي تلفن به ايستگاه پايه به كار مي رود .

الگوريتم XPD/KPD كه توسط شركت هيوز طراحي شده است ، در راديوهاي تاكتيكي نظامي ارتش و تجهيزات جهت ياب به كار رفته است .

الگوريتم رمز دنباله اي NaNoTEQ كه نام يك شركت الكترونيكي در آمريكاي جنوبي است براي رمز نمودن ارتباطات و مراسلات از طريق فاكس در اداره پليس آمريكاي جنوبي بكار رفته است .

مي توان انواع ديگر رمزهاي دنباله اي طرح شده را بيان نمود ، اما آنچه مشخص است اينگونه رمزها در تجهيزات مخابراتي و سخت افزاري كاربرد گسترده و فراوان دارند . به خصوص در خطوط راديوئي كه امكان اغتشاشات و نويزهاي فراوان در آنها موجود مي باشد . اما به علت سرعت نامناسب اجراي نرم افزاري آنها ، براي استفاده در شبكه هاي كامپيوتري و يا ايجاد امنيت در پروتكل هاي امنيت اينترنت بكار نمي روند .

2-2- رمز قطعه اي

رمزهاي قطعه اي كه از جمله پركاربردترين رمزهاي كليدخصوصي هستند ، به علت قابليت هاي فراوان كه در اجراي سريعتر و برقراري امنيت و ايجاد مقاومت در برابر انواع حملات متن منتخب و ساير انواع حمله هاي رمزنگاري دارند ، يكي از بهترين گزينه ها در ايجاد اهداف طرح هاي رمزنگاري مي باشند . يك رمز قطعه اي قدرتمند قابليت آن را دارد كه توسط روش هاي مختلف بكارگيري به عنوان يك رمز دنباله اي قوي استفاده شود و يا اينكه ايجاد يك سامانه احراز هويت نمايد .بر همين مبنا همواره سعي مي شود يك الگوريتم رمز قطعه اي بر مبناي راهكارها و دستاوردهاي نوين روش هاي طرح اينگونه رمزها و با توجه به تحليل هاي جديد تر سامانه هاي رمز و حمله هائي كه بر مبناي اين تحليل ها برروي رمز هاي قطعه اي طرح مي شوند ، بدست آيد ودر عين حال يك ساختار منظم ، قابل توسعه و در عين حال نوين از رمزهاي قطعه اي معرفي شود كه در صورت نياز به توسعه در طول كليد سري مورد استفاده و يا طول قالب داده هاي ورودي به الگوريتم ، اصل ساختار الگوريتم توانائي اين توسعه را بدون از دست دادن ساختار كلي شبكه رمز ، عملگرها و مبناهاي بكارگرفته شده داشته باشد . الگوريتم رمز طرح شده بايد بتواند امنيت مورد نياز اطلاعات محرمانه را ايجاد نمايد و حاشيه امنيت لازم براي حمله هاي نوين ارائه شده و قابل توسعه را نيز داشته باشد . در طراحي الگوريتم ، امنيت كامل وقابل اثبات در مقابل حمله هاي مؤثر و پركاربردي نظير حمله هاي تفاضلي و خطي و سايرحمله هائي كه مبناي تازه تري براي تحليل رمزهاي قطعه اي دارند ، هدف اوليه بوده و در ادامه نيزپياده سازي و اجراي موثر رمز كه لازمه طراحي مي باشد جزء اهداف در نظر گرفته مي شود . چنين طرحي مي تواند با ايجاد حداكثر امنيت ممكن در يك سامانه اطلاعاتي به سرعت اجرا شود و حوزه كاربردهاي مختلف اطلاعات را برآورده سازد .در واقع با توجه به نوع اطلاعات مورد استفاده از لحاظ استراتژيك و تاكتيكي بودن مي توان در كاربردهاي مختلف مورد نياز طرح كلي اين الگوريتم را استفاده نمود .

رمزهاي قطعه اي كه تعريف آنها بر مبناي تركيب توابع جايگزيني و جايگشتي مي باشد ، ساختارهاي متعددي دارند كه هر يك مزايا و كاربردهاي متعدد مربوط به خود را دارند . خواص رمزهاي قطعه اي امن را به صورت زير مي توان بيان نمود .

1- دستيابي به متن اصلي از طريق متن رمزگذاري شده بدون در اختيار داشتن كليد بايد غيرممكن باشد . مي توان اين خصلت را با يكطرفه بودن الگوريتم رمزنگاري مقايسه نمود . در واقع كليد خصوصي الگوريتم دريچه تابع رمزنگاري مي باشد كه با در اختيار داشتن آن مي توان از متن رمز شده ، متن اصلي را بدست آورد .

2- آگاهي از الگوريتم نبايد سبب تضعيف رمز شود . مخفي نگاه داشتن جزئيات الگوريتم در امنيت آن نقشي ندارد و امنيت الگوريتم بايد تنها به كليد سري بستگي داشته باشد .

3- هر بيت متن رمزشده بايد به تمامي بيت هاي متن اصلي وابسته باشد . در اينصورت كوچكترين تغييردر متن اصلي ، متن رمزشده متفاوتي ايجاد مي نمايد . به اينگونه از رمزها كامل گفته مي شود .

4- هر بيت متن رمزشده مي بايست به تمامي بيت هاي كليد سري وابسته باشد كه در اينحالت در صورت كوچكترين تغيير در كليد ، متن رمزشده متفاوتي ايجاد مي شود .

5- تغيير هر بيت در داده هاي ورودي بدون تغيير كليد ، بايد موجب تغييرات عمده در قطعه خروجي شود .

6- تغيير هر بيت در كليد سري بدون تغيير متن اصلي ، بايد موجب تغييرات عمده در متن رمزگذاري شده گردد .

7- الگوريتم بايد داراي عمل جانشيني بيت ها تحت كنترل داده هاي ورودي وكليد باشد

8- الگوريتم بايد داراي عملكرد جابجائي بيت ها تحت كنترل داده هاي ورودي وكليد باشد .

9- الگوريتم رمز نبايد داراي ساختار جبري ساده باشد . در غيراينصورت تابع رمزگذاري با يك رابطه داراي بيان جبري ساده معادل خواهد شد .

10-طول متن اصلي بايد با طول متن رمز شده برابر باشد .

11-تمامي كليدهاي سري بكار گرفته شده بايد رمز قوي توليد نمايند .

خصوصياتي كه بيان شد شرايط لازم براي طرح يك رمز قطعه اي قوي مي باشد در حاليكه شروط لازم و كافي براي ارزيابي و حصول اطمينان از امنيت هر سيستم رمزي ، مقاومت آن در برابر حملات نوع اول ، دوم و سوم در رمزنگاري مي باشد .

در سال هاي گذشته بعلت نيازهاي فراواني كه براي كاربردهاي غيرنظامي رمزنگارها وجود داشته است ، بحث استاندارد سازي الگوريتم هاي رمزنگاري مطرح شده است . كه نمونه هاي استاندارد شده آن در سال هاي گذشته DES با ساختاري به صورت فيستل و در سال هاي اخير AES بوده كه الگوريتم رايندال را با ساختاري نوين و به گونه اي مربعي بكار برده است .

الگوريتم DES از انجام عمليت بر روي قطعه هاي 1،4،6و 28 بيت بهره مي گيرد كه اين عملكردهاپياده سازي الگوريتم را براي مصارف نرم افزاري با مشكل روبرو مي سازد . اما الگوريتم هائي نظير FEAL كه به منظور پياده سازي سريع نرم افزاري طراحي شده است ، از زير عمليات هائي بر روي قطعات 8 بيتي بهره مي گيرد . بنابراين ديده مي شود كه يك الگوريتم رمزنگاري متناسب با پياده سازي نرم افزاري لزوماً از عملوندهاي منطبق با بايت و يا ضرايبي از بايت بهره مي گيرد .

2-2-1- احراز هويت و شناسائي و توابع درهم ساز

كاربردهاي گوناگون رمز هاي قطعه اي را مي توان توسط مد هاي كاربردي كه تعيين كننده گستره وسيع كاربردي رمزهاي قطعه اي در مصارفي نظير احراز هويت پيام ، مولد هاي بيت شبه تصادفي ، توابع درهم ساز و مديريت كليد مي باشد ، بيان نمود .

رمزهاي قطعه اي در حالات ECB، OFB، CBC و CFB بكاربرده مي شوند . حالات بكارگيري رمز در مدهاي CFBو OFBدر ايجاد مولدهاي بيت شبه تصادفي و طراحي رمزهاي دنباله اي كاربردهاي فراوان دارند. در حاليكه مد OFB داراي مزايائي نظير امنيت بالا ، انتشار خطاي محدود و ايمني در برابر حمله هاي لغت نامه اي و فعال مي باشد و در عين حال سنكرون نبودن اين گونه سيستم ها مي تواند معايبي را در اين نوع كاربرد به وجود آورد .

مزاياي بكارگيري روشهاي CBCو CFB را مي توان در جامعيت پيام هاي ارسالي و قابليت دسترسي گسترده به داده ها و تامين ايمني در برابر حملات لغت نامه اي و مهم تر از همه تامين كد هويت و شناسائي پيام دانست .كه قابليت احراز هويت رابه كاربردهاي رمزهاي قطعه اي مي افزايد . اما اين دو حالت بكارگيري عيوب عمده اي نظير انتشار خطا در خطوط ارتباطي را مي توانند در بر داشته باشند .

استاندارد X909 الگوريتم DES را در حالت CBC به عنوان روش احراز هويت بيان مي كند كه در هر هفته در حدود1/5 تريليون دلار از طريق آن ميان مؤسسات مالي به شكل عمده مبادله مي شد .

تكنيك هاي فراواني نيز موجود مي باشد كه در آنها نشان داده شده است كه از رمزهاي قطعه اي مي توان در طراحي توابع درهم ساز كه از ملزومات روش هاي احراز هويت و امضاهاي ديجيتال مي باشند ، استفاده نمود .

3- طراحي الگوريتم رمز قطعه اي

الگوريتم بايد به گونه اي طراحي شود كه معيارهاي طراحي رمزهاي استاندارد پيشرفته را برآورده سازد كه اين معيارها در زير آورده شده اند .

- طول كليد الگوريتم بايد حداقل 128 بيت باشد . در واقع طبق آخرين استاندارد هاي ارائه شده توسط NIST براي جلوگيري از حمله هاي جستجوي فضاي جامع كلي حداقل طول كليد بايد 80 بيت باشد كه استاندارد آن را براي پياده سازي مناسب نرم افزاري 128 در نظر مي گيرند .
- الگوريتم تا حد ممكن كليد ضعيف و نيمه ضعيف نداشته باشد .
- پياده سازي الگوريتم بايد روي زمينه هاي مختلف سخت افزاري و نرم افزاري مؤثر و كارا باشد . به خصوص شرايطي كه پياده سازي نرم افزاري الگوريتم را با توجه به طرح حاضر ، مؤثرتر مي سازد فراهم شود .
- طرح الگوريتم در برابر تبادل هاي موجود ميان امنيت و اجرا در كاربردهاي مختلف در رمزنگاري بايد بسيار منعطف باشد و قابليت استفاده براي كاربردهائي نظير مولد بيت هاي شبه تصادفي امن ، توابع در هم ساز و MAC را داشته باشد وبراي مقاصدي نظير احراز هويت و مديريت كليد نيز قابل بكارگيري باشد .
- طرح الگوريتم بايد بسيار ساده باشد و به سهولت قابل بيان و آناليز باشد و در عين حال قابل توسعه باشد .

اما با توجه به شرايطي كه الگوريتم هاي رمز قطعه اي امن بايد داشته باشند معيارهاي زير نيز در طراحي الگوريتم و برقراري امنيت آن بايد مورد نظر باشد .

- الگوريتم به گونه اي طرح شود كه عملكرد هاي رمزگذاري و رمزگشائي آن تاحد ممكن يكسان عمل نمايند و اجراي سخت افزاري و نرم افزاري آنها مشابه يكديگر باشند .

الگوریتم داراي طرحي موازي باشد و با استفاده از اين الگوها پياده سازي سريعتر و مؤثرتري داشته باشد .

" امنيت الگوريتم در برابر تحليل هاي شناخته شده در رمزنگاري همانند حمله هاي خطي و تفاضلي و تحليل هائي كه مبناي آنها اين نوع حمله ها مي باشند ، تضمين شده باشد . همچنين حاشيه امنيت لازم را براي حمله هاي تازه تر داشته باشد .

" طرح توليد زيركليد هاي الگوريتم ، امن و مؤثر باشد كه در برابر حمله هاي مرتبط با كليد بتواند استقامت لازم را ايجاد نمايد .

" طرح كليد الگوريتم قابليت پيش محاسبه شدن را با حداكثر سرعت ممكن داشته باشد و يا اينكه با حداقل حافظه مورد نياز و حداكثر سرعت به صورت شناور بتواند زيركليد ها را توليد نمايد .

در طراحي الگوريتم رمز طرح حاضر مي بايست تمامي نكاتي را كه به عنوان اهداف طراحي بيان شد، لحاظ شود .

3-1- طراحي امنيت و اجراي مؤثر الگوريتم رمز قطعه اي

هر يك از الگوريتم هاي رمز قطعه اي لزوماً بايد خصوصياتي را برآورده سازند كه اين خصوصيات شرايط لازم براي طرح يك رمز قطعه اي قوي مي باشند در حاليكه شروط لازم و كافي براي ارزيابي و حصول اطمينان از امنيت هر سيستم رمزي ، مقاومت آن در برابر حملات نوع اول ، دوم و سوم در رمزنگاري مي باشد .

حمله هاي طرح شده بر روي رمزهاي قطعه اي نيز مي تواند روش هائي براي طرح اينگونه رمز ها پيشنهاد نمايند . در واقع طرح اينگونه حمله ها ، ويژگي ها و معيارهاي لازم در رمز هاي قطعه اي را براي مقاومت در برابر اين حمله ها مشخص مي نمايند . در ادامه چند حمله مختلف بر روي رمزهاي قطعه اي كه در اثر برخي خصوصيات تابع رمزگذاري طرح شده ، آورده مي شود .

3-2- انواع حملات قابل اجرا بر روي الگوريتم

□ آزمون جامع فضاي كليد: اين حمله با در اختيار داشتن چند زوج متن اصلي و متن رمز شده متناظر با آن صورت مي گيرد و عبارتست از آزمودن تمامي 2^m كليد ممكن به منظور يافتن كليد اصلي رمزنگاري كه همان كليد سري مي باشد .

□ حمله مکملیت : این حمله توسط خاصیت مکملیت صورت مي گیرد . در واقع اگر X و Y دو بردار باینري به طول n باشند و X+Y=(1,...,1) باشد ، در اینصورت این دو بردار مکمل یکدیگر مي باشند و خواهیم داشت Y=X□ .

حال اگر f مبین تابع یك رمز قطعه اي باشد و C=f(P,K) ، آنگاه رمز داراي خصلت مکملیت است اگر: : □P ,□K

f(P□,K□)=C□

در اینصورت اگر فضاي کلید رمزنگاري K به دو زیر فضاي S و □S که K=S□S□ باشد در اینصورت آزمون جامع فضاي کلید را مي توان فقط در فضاي S اعمال نمود .

□ حمله از طریق ویژگي بسته بودن : براي هر رمز قطعه اي به طول n و کلیدي به طول m هر کلید یك تابع جابجائي از بردارهاي باینري به طول n را مشخص مي نماید .

اگر G مجموعه تمام این 2^m جابجائي را نشان بدهد و داشته باشیم H={ T_i*T_j : T_i ,T_j □G } و * نماد ترکیب نگاشت ها باشد ، آنگاه G بسته است اگر H=G باشد . در واقع G بسته است اگر براي هر T_i و T_j در G بتوان T_k را در G به گونه اي یافت که براي تمام متون اصلي داشته باشیم :

$$(T_i*T_j)(P) = T_k(P)$$

اما از آنجا که یکي از روش هاي متداول افزایش امنیت رمز هاي قطعه اي رمزنگاري متوالي هر قطعه مي باشد ، ویژگي بسته بودن یك رمز تاثیر این روند تکراري را از بین خواهد برد و موجب ضعف در امنیت رمز مي گردد .

سایر حمله هاي طرح شده بر روي رمزهاي قطعه اي همانند حمله ملاقات در میانه ، حمله از طریق ویژگي آفیني و سایر حمله ها مي توانند ویژگي هاي نامطلوب رمزهاي قطعه اي را آشکار نمایند . اما بهترین و مؤثرترین تحلیل هاي ارائه شده بر روي اینگونه رمزها حمله هاي خطي وتفاضلي هستند که از جمله قدرتمندترین حمله ها ي نوع دوم و سوم بر روي رمز هاي قطعه اي مي باشند . بنابراین امنیت بسیاري از رمز هاي قطعه اي به استحکام رمز در برابر این دو حمله بستگي خواهد داشت . در واقع معیار اصلي طراحي هررمز قطعه اي مقاومت دربرابر اینگونه حمله ها و سایر انواع حمله هاي طرح شده با توجه به شرایط تحلیل گر و آگاهي هاي او مي باشد و تحلیل هائي که در ابتدا بیان شد به عنوان شروط لازم طراحي بکار مي روند .

در ميان دسته بندي تحليل هاي رمزي چهار نوع عمومي از حمله هاي رمزنگاري وجود دارد كه در هر كدام از آنها فرض مي شود كه تحليل گر آگاهي لازم وكامل را از الگوريتم رمزگذاري مورد استفاده در اختيار دارد . اين تحليل ها به صورت زير دسته بندي مي شوند .

3-3- چهار نوع عمومي از حمله هاي رمزنگاري

3-3-1- حمله فقط متن رمز شده

در اين نوع حمله تحليل گر متن رمز شده پيام هاي مختلف را كه همه آنها با استفاده از يك الگوريتم مشابه رمز شده اند ، در اختيار دارد . كار تحليل گر بدست آوردن متن اصلي پيام هاي مختلف و يا يافتن كليد استفاده شده در عملكرد رمزگذاري است تا بوسيله آن ساير پيام هاي رمز شده را بتواند رمزگشائي نمايد .

در واقع با در اختيار داشتن $C_1=E_K(P_1)$ تا $C_i=E_K(P_i)$ تحليل گر سعي مي نمايد $P_1,...,P_i$ و K و يا الگوريتمي كه بتواند P_{i+1} را از $C_{i+1}=E_K(P_{i+1})$ نتيجه بگيرد ، بدست آورد .

3-3-2- حمله متن روشن معلوم

در اين حمله تحليل گر نه تنها به متن رمزي پيام هاي مختلف بلكه به متن روشن اين پيام ها نيز دسترسي دارد و كار اصلي او نتيجه گرفتن كليد و يا كليد هاي استفاده شده براي رمزگذاري پيام ها و يا بدست آوردن الگوريتمي كه بتواند پيام هاي جديد رمزشده با كليد مشابه را رمزگشائي نمايد ، مي باشد . در واقع با در اختيار داشتن $C_1=E_K(P_1)$ و P_1 تا $C_i=E_K(P_i)$ و P_i بتواند كليد K و يا الگوريتمي را بدست آورد كه P_{i+1} را از $C_{i+1}=E_K(P_{i+1})$ حاصل نمايد .

3-3-3- حمله متن روشن منتخب

در اين حمله تحليل گر نه تنها به متن رمز شده و متن روشن مربوط به آن دسترسي دارد بلكه   مي تواند متون اصلي را نيز براي رمزگذاري انتخاب نمايد . اين تحليل از يك حمله متن روشن معلوم قويتر مي باشد زيرا تحليل گر مي تواند بلوك هاي متن روشن را براي رمزنمودن تعريف نمايد و قطعه اي را انتخاب نمايد كه اطلاعات بيشتري درباره كليد از آن بدست آيد . كار تحليل گر نتيجه گرفتن كليد مورد استفاده در رمزگذاري پيام و يا بدست آوردن الگوريتمي براي رمزگشائي پيام هاي رمز شده جديد با كليد مشابه مي باشد . در واقع با در اختيار داشتن

$C_1=E_K(P_1)$ و P_1 تا $C_i=E_K(P_i)$ و P_i که در آن P_1 تا P_i را انتخاب نموده است ، کلید K و یا الگوریتمي براي بدست آوردن $C_{i+1}=E_K(P_{i+1})$ از P_{i+1} حاصل نمايد .

3-3-4- حمله تطبيقي متن روشن منتخب

اين نوع تحليل يك مورد خاص از حمله متن روشن منتخب مي باشد كه در آن تحليل گر نه فقط مي تواند متن روشن را كه رمزگذاري مي شود انتخاب نمايد بلكه مي تواند انتخاب خود را بر مبناي نتايج رمزگذاري قبلي اصلاح نمايد . در يك حمله متن روشن منتخب يك تحليل گر ممكن است فقط قادر به انتخاب يك بلوك بزرگ از متن روشن براي رمزگذاري باشد .اما در يك حمله تطبيقي از نوع متن روشن منتخب او مي تواند بلوك كوچكتري از متن روشن انتخاب نمايد و ساير بلوك ها را بر مبناي نتايج اين بلوك ابتدائي انتخاب نمايد و به همين ترتيب ادامه دهد .

چند نوع حمله ديگر بر روي سيستم هاي رمزنگاري وجود دارد كه در موارد خاص مي توان از آنها استفاده نمود . همانند حمله متن رمزي منتخب كه در آن تحليل گر امكان انتخاب متون رمزشده را نيز دارد و يا حمله كليد منتخب كه در اين حمله تحليل گر آگاهي هائي درباره روابط ميان كليد هاي مختلف در اختيار دارد . اما تحليل هائي كه بر مبناي حمله هاي متن روشن و متن روشن منتخب صورت مي گيرند بسيار معمول تر و واقعي تر مي باشند و تحليل هاي مؤثري بر مبناي اين حمله ها تا كنون طرح شده است كه بر روي بسياري از رمزها مؤثر بوده اند . به طور مثال تحليل هاي خطي و تفاضلي كه بر روي DES مؤثر بوده اند از اين گونه مي باشند . در بكارگيري حمله هاي متن روشن منتخب بيشترين آگاهي از سيستم رمز در اختيار تحليل گر قرار دارد بنابراين قويترين نوع حمله از نوع متن روشن منتخب مي باشد كه در آن تحليل گر آگاهي كامل به الگوريتم رمزنگاري مورد استفاده دارد و امكان انتخاب و نمونه گيري از سيستم رمز را نيز خواهد داشت . بنابراين رمزي كه در برابر اين نوع حمله مقاوم باشد در بدترين شرايط مي تواند امنيت كافي را اعمال نمايد .

3-4- ملزومات طرح مؤثر و كاراي نرم افزاري الگوريتم رمز.

3-4-1- در الگوريتم از پرش هاي شرطي در حلقه دروني الگوريتم بايد اجتناب شود . هر تغيير غير قابل پيش بيني در جريان كنترل الگوريتم به طور طبيعي موجب اختلال در عملكرد مقاوم پردازش و در نتيجه افزايش تعداد سيكل هاي ساعت مورد نياز ، خواهد شد . بنابراين به طور مشخص هر عملگر و يا دستور همانند if ، then و يا else در زبان C و يا اسمبلي

موجب پرش در جريان اجرا خواهد شد . پرش ها همچنين آسيب پذيري رمز را در برابر حمله هاي زماني كه در آورده شده ، افزايش مي دهد .

3-4-2- از عملگرهائي كه طبيعتاً ساختارهاي سنگيني دارند استفاده نشود . در اين دسته بندي مي توان عملگرهاي ضرب و تقسيم و ساير عملگرهائي را كه بر روي پردازنده ها به سختي اجرا مي شوند، قرار دارند . به طور مثال يك عملگر چرخش/انتقال متغير ، (كه مقدار چرخش و يا انتقال در مرحله اول مشخص نمي باشد) بر روي پردازنده پنتيوم نياز به 4 سيكل ساعت براي اجرا خواهد داشت و در عين حال با هيچ عملگر ديگري نمي تواند به طور همزمان اجرا شود بنابراين به صورت چند زير مجموعه از عملگرهاي ساده انجام مي شود و زمان مورد نياز اجراي آن بيشتر از يك عملگر ساده تنها خواهد بود .

3-4-3- در طرح الگوريتم بايد تا حد ممكن تعداد متغيرهاي مورد نياز را محدود نمود . بسياري از پردازنده هاي مدرن شامل تعداد زيادي ثبات چندمنظوره مي باشند . اما در برخي اين تعداد ثبات چند منظوره بسيار كم مي باشد . به طور مثال در پنتيوم تنها هفت ثبات چندمنظوره وجود دارد و در صورتيكه در حلقه دروني الگوريتم تعداد زيادي متغير بكار رود تمامي آنها در ثبات ها قرار نمي گيرند و به علت نياز به دسترسي به حافظه ، اجرا سنگين تر خواهد شد .

3-4-4- اندازه جداول بكار رفته تا حد ممكن بايد كوچك باشد . هرچند كه جداول بزرگتر از نظر رمزنگاري مناسبتر مي باشند اما انواع كوچكتر آنها براي اجراي سريعتر نرم افزاري مطلوب تر هستند . با توجه به پردازنده هاي كنوني جداول بايد به گونه اي در نظر گرفته شوند كه بيش از چهار كيلو بايت براي ذخيره سازي نياز نداشته باشند .

3-4-5-در طرح عملگرهاي بكار رفته بايد تا حد ممكن از الگو هاي موازي بسيار استفاده شود . ايده عمومي بكارگيري عملگرهاي مستقل از يكديگر و اجراي همزمان و موازي با هم اين عملگرها مي باشد . اين الگو مي تواند تا حد بسيار زيادي در افزايش سرعت اجرا مؤثر باشد .

نكاتي كه بيان شد بسيار ساده مي باشند اما با بهره گيري از آنها مي توان تا حد بسيار زيادي پياده سازي مؤثر و سرعت اجراي بالاي نرم افزاري را براي الگوريتم ايجاد نمود .

4- مدیریت کلید

یك سیستم مخابراتي امن شامل اجزا و قسمت هائي همچون الگوریتم رمزنگاري ، پروتكل هاي قراردادي و ... مي باشد . با فرض اینكه تمامي این اجزاء قابلیت اطمینان لازم و كافي را داشته باشند ، هنوز یك مسئله باقي است و آن كلید هاي بكاررفته در مبادلات صورت گرفته است .

با توجه به اینكه در صورت غیرقابل شكست بودن الگوریتم هاي رمزنگاري و پروتكل هاي مورد استفاده ، بكارگیري كلیدهاي ضعیف و یا استفاده نامناسب از كلیدهاي مورد نیاز مي تواند نقاط ضعف بسیاري را براي تحلیل امنیت باقي بگذارد .

در دنیاي واقعي مدیریت كلید سخت ترین قسمت رمزنگاري محسوب مي شود . طراحي الگوریتم هاي رمزنگاري امن ساده نیست اما با تكیه بر تحقیقات آكادمیك بسیار مي توان به نتایج قابل اطمیناني رسید . اما از آنجا كه امنیت تمامي ارتباطات باید تنها به كلیدهاي بكاررفته داشته باشد ، نگاه داشتن سري كلیدها بسیار سخت تر خواهد بود . بطوریكه بسیاري از تحلیل گرها و رمزشكن ها به سیستم هاي رمز كلید همگاني و الگوریتم هاي متقارن از طریق مدیریت كلید آنها حمله مي نمایند . از اینرو طراحي مطمئن و قدرتمند روند مدیریت كلید نقش بسزائي در امنیت تبادل ها دارد .

مواردي كه در یك پروسه مدیریت كلید باید در نظر گرفته شود فسمت هاي مختلفي را شامل مي شود كه هر كدام مي توانند معیار هائي براي اجراي یك روند مناسب در اختیار بگذارند .

<u>4-1 تولید كلیدها</u>

الگوریتم تولید كلید مي بایست شرایط مناسبي را برقرار نماید تا كلیدهاي ضعیف تولید نشود . بر همین مبنا روند تولید كلیدها باید به گونه اي باشد كه فضاي كلید كاهش یافته به وجود نیاید و از تمامي بیت هاي كلید در نظر گرفته شده استفاده شود . به طور مثال اگر الگوریتمي از یك كلید 56 بیتي استفاده مي نماید و برنامه اي براي تولید كلیدها از قالب ASCII استفاده نماید به طور طبیعي بیت مرتبه بالاتر هر بایت صفر در نظر گرفته مي شود كه موجب كاهش فضاي كلید و در نتیجه امكان تحلیل رمز مورد استفاده شاید تا هزاران بار سریعتر مي گردد .

همچنین انتخاب كلیدهاي ضعیف مي تواند منافذي را براي تحلیل امنیت الگوریتم رمز ایجاد نماید . از آنجا كه حملات جستجوي فضاي كلید در ابتدا كلیدهاي ملموس تررا مورد نظر قرار مي دهد ، تحلیل گر مي تواند لغتنامه اي از كلیدهاي معمول در نظر گرفته و به اصطلاح حمله لغتنامه اي انجام دهد .

كليدهاي خوب معمولاً رشته اعداد تصادفي توليد شده توسط يك پروسه اتوماتيك مي باشند . توليد اين كليدها بايد توسط يك منبع تصادفي قابل اطمينان و يا يك مولد بيت شبه تصادفي امن صورت بگيرد . همچنين كليدهاي ضعيف الگوريتم رمزنگاري مورد استفاده بايد تا حدامكان حذف شود و يا مشخص باشند تا در هنگام توليد و انتخاب كليدها استفاده نگردند .

به عنوان نمونه هائي از الگوريتم هاي توليد كليد مي توان به استاندارد ANSI X9.17 اشاره نمود كه روشي براي توليد كليد توسط الگوريتم رمز كليد خصوصي 3 DES ارائه مي دهد و مي تواند كليدهاي جلسه مناسب و يا اعداد شبه تصادفي توليد نمايد .

در صورتيكه $E_K(X)$ تابع رمزگذاري با 3DES بر روي X با كليد K باشد و V0 يك هسته 64 بيتي امن و T مهر زماني آن باشد ، براي توليد كليد تصادفي Ri به صورت زير عمل مي شود :

$$Ri=E_K(E_K(Ti)+Vi)$$

$$Vi+1= E_K(E_K(Ti)+Ri)$$

كه كليدهاي 64 بيتي توليد مي نمايد و با به هم چسباندن دنباله هاي 64 بيتي مي توان نمونه هاي بلندتر نيز بدست آورد .

2-4 ارسال و توزيع كليدها در شبكه هاي بزرگ

در يك مبادله اطلاعاتي امن مسئله ارسال كليد جلسه يك الگوريتم متقارن مسئله قابل تعمقي است . رمزنگاري با الگوريتم هاي كليد عمومي اين مشكل را مي توانند حل نمايند . هر چند كه ممكن است تكنيك هاي مناسب را در شرايط گسترده در اختيار نگذارند

از آنجائيكه معمولاً كانال هاي امن مخابراتي به سادگي قابل حصول نيستند روش هاي مختلفي براي ارسال كليد سري يك مبادله متقارن در نظر گرفته شده است . استاندارد X 9.17 دو نوع كليد به صورت كليدهاي رمزگذاري كليد كه براي رمز نمودن ساير كليدها براي توزيع بكار مي روند و كليدهاي داده كه براي رمز نمودن ترافيك پيام ها بكار مي روند در نظر گرفته است كه كليد هاي رمزگذاري كليد معمولاً به صورت تعريفي و يا قراردادي توزيع مي شوند .

روش ديگر مي تواند تقسيم كليدهاي ارتباطي به بخش هاي مختلف و ارسال هر يك از طريق يك كانال باشد كه لزوماً ممكن است روشي مؤثر و قابل بكارگيري نباشد . بنابراين شايد بهترين روش ها براي تبادل كليدهاي جلسه استفاده از الگوريتم هاي تبادل كليد بر مبناي روش هاي كليد عمومي و يا حتي الگوريتم هاي كليد خصوصي باشد .اما توزيع كليد در شبكه هاي بزرگ به لحاظ

تبادل هاي بسيار كليد ميان كاربران مشكلاتي را به همراه دارد . به طور مثال در يك شبكه با 6 كاربر تعداد 15 تبادل كليد مورد نياز مي باشد .بنابراين در شبكه هاي گسترده ايجاد و استفاده از يك مركز خدمات كليد امن و يا سازماندهي ساختار هاي كليد عمومي (PKI) مي تواند بسيار مؤثر باشد .

<u>3-4 تصديق كليدها</u>

در تمامي تبادل هاي كليد در مبادلات امن مي بايست كليد هاي ارسال شده مورد بررسي و تصديق قرار گيرند . به طور مثال اگر كليد جلسه ارتباطي توسط كليد رمزگذاري كليد رمزشده باشد گيرنده ميتواند به اين واقعيت اعتماد نمايد كه كليد رمزگذاري كليد جلسه تنها در اختيار فرستنده مي باشد .

يك روش مطمئن براي تصديق و احراز اصالت كليدها مي تواند استفاده از پروتكل هاي امضاء ديجيتال براي امضاء كليدها باشد و يا استفاده از مركز توزيع و خدمات كليد امن براي انتقال امضاء كليدهاي عمومي بكارگرفته شده باشد كه در اينصورت بايد اطمينان كافي به اين مركز وجود داشته باشد .

در اين ميان ممكن است خطاهائي در ارسال كليد به وجود آيد و از آنجائيكه كليدها ممكن است براي رمزگشائي چندين مگابايت از متون رمزشده بكاررود لذا لزوم بررسي و تصحيح خطاها وجود دارد كه لزوماً اين خطاها بايد آشكارسازي شوند .يكي از پركاربردترين روش هاي بكاررفته براي اين كار رمزنمودن يك مقدار ثابت با كليد دريافت شده و ارسال 2 تا 4 بايت متون رمزشده با كليد مي باشد در سمت ديگر نيز همين عمل انجام مي شود و سپس با انطباق مقادير رمز شده مشخص مي شود كه كليد صحيح ارسال شده و يا نياز به تصحيح و ارسال دوباره دارد .

<u>4-4 - طول عمر كليدها</u>

هيچ يك از كليدهاي رمزنگاري براي مدت نامعيني بكار گرفته نمي شوند . براي هر كاربرد رمزنگاري مي بايست يك سياست امنيتي بر مبناي مدل هاي امنيتي تعريف شده در سيستم در نظر گرفته شود گه در آن طول عمر كليدها نيز مشخص شده باشد . كليدهاي متفاوت طول عمرهاي متفاوت دارند . در سيستم هائي كه بر روي كانال هاي مخابراتي خاص و حساس عمل مي نمايند ، كليدها بسته به ارزش و مقدار داده هاي اصلي و مقادير رمز شده و اعتبار آنها در طول مدت تعيين شده بايد نسبتاً طول عمرهائي كوتاه داشته باشند . براي سيستم هائي كه در هر ثانيه چندين گيگا بايت اطلاعات را مبادله مي نمايند نيز نسبت به خطوط كم ترافيك تر تغيير كليدها بيشتر

صورت مي گيرد . كليدهاي رمزگذاري كليد معمولاً به طور متناوب تغيير نمي كنند . اين كليدها به منظور تبادل كليد به كار مي روند كليدهاي خصوصي رمزهاي كليد عمومي نيز طول عمرهاي متفاوتي وابسته به كاربردهايشان دارند .

از جمله موارد ديگري كه در مديريت كليد بايد مورد نظر قرار گيرد مسائل مربوط به انهدام كليدهاي مصرف شده ، ذخيره نمودن و Backup گرفتن از آنها مي باشد كه در طرح يك سيستم جامع بايد مد نظر باشد .

5- مديريت كليد توسط روشهاي كليد عمومي

الگوريتم هاي كليد عمومي مي توانند مديريت كليد را بسيار ساده تر نمايند هر چند كه مشكلات مربوط به خود را دارند . در واقع زماني كه كار برها در يك شبكه گسترده زياد مي شوند بدست آوردن كليد عمومي طرف مورد نظر مبادله مي تواند مشكلاتي را به همراه داشته باشد . فرستنده براي ارسال پيام را از وي و يا يك بانك اطلاعاتي شامل كليد عمومي كاربران دريافت نمايد كه اين عمل امكان اجراي حملات شخص در ميانه(Man in the middle attack) و جايگزيني كليد نفوذگرها توسط آنها با كليد عمومي گيرنده را به وجود مي آورد .

گواهي هاي عمومي در واقع كليد عمومي كاربري است كه توسط يك مركز قابل اطمينان امضاء مي شود و امكان جايگزيني كليدها را برطرف مي نمايد . گواهي ها معمولاً در برگيرنده اطلاعات شخصي دارنده كليد مي باشند و نقش مهمي را در تعدادي از پروتكل هاي كليد عمومي همانند PEM و X509 دارند . سازماندهي ساختارهاي مطمئن كليد عمومي مي تواند تمامي جزئيات وجود را در بر بگيرد . برقراري ساختارهاي كليد عمومي PKI از جمله روش هائي است كه مي تواند امنيت و در عين حال مديريت كليد را در شبكه هاي كامپيوتري تضمين نمايد . اين ساختارها را مي توان به صورت مجموعه سخت افزارها ، نرم افزارها ، كاربران ، سياست ها و رويه هائي كه براي ايجاد مديريت ، ذخيره ، توزيع و انهدام گواهي هاي مبتني بر رمزنگاري با كليد عمومي مورد نياز مي باضشد ، تعريف نمود . در سازماندهي ساختار هاي كليد عمومي دو عمل اصلي توليد گواهي (Certification) و تعيين اعتبار (Validation) مورد نياز مي باشند تا خصوصياتي نظير محرمانگي ، تماميت ، احراز هويت ، عدم انكار و كنترل مدون را برآورده سازند .

6- الگوريتم هاي تبادل كليد

تبادل و يا توزيع كليدهاي جلسه رمزنگاري ميان دو طرف مبادله به طور معمول از روش هاي كليد عمومي انجام مي شود . معروف ترين پروتكل تبادل كليد ، الگوريتم ديفي – هلمن مي باشد كه بر مبناي روش هاي كليد عمومي و با تكيه بر دشواري محاسبه لگاريتم گسسته در يك ميدان متناهي صورت مي گيرد . اما اين روش در برابر حملات شخص در ميانه ضعيف مي باشد كه براي برطرف نمودن چنين منافذي پروتكل هاي ايستگاه به ايستگاه (Station to Station) ارائه شده كه در آن دو طرف مبادله اطلاعات مورد تبادل را امضاء نموده و از يك مركز بيروني امن و مطمئن نيز براي گرفتن گواهي اعتماد استفاده مي نمايند .

شايد روش هاي كليد عمومي بهترين گزينه براي الگوريتم هاي تبادل كليد و اجراي مديريت كليد باشند . اما در طرح هائي كه مبناي رمزگذاري اطلاعات در آن استفاده از رمزهاي كليد خصوصي مي باشد مي توان با استفاده مؤثر و امن از الگوريتم هاي كليد خصوصي نياز به طراحي ، بررسي و تحليل رمزهاي كليد عمومي و در عين حال خطر بكارگيري آنها را كه هرگز قادر نيستند امنيتي بدون قيد و شرط را برقرار نمايند ، از ميان برداشت . در واقع در صورتيكه از امنيت وقابليت يك الگوريتم رمز كليد خصوصي و متقارن اطمينان حاصل شده باشد و تمامي منافذ تحليل آن بررسي و پوشانده شده باشد ، مي توان به جاي بكارگيري يك رمزكليد عمومي و درگيري با مسائل تحليلي آن از همان رمز متقارن براي مديريت كليد استفاده نمود .

به عنوان نمونه پروتكل هائي موجود مي باشند كه در آنها نياز به تبادل كليدهاي سري و يا كليدهاي عمومي نمي باشد و در عملكرد آنها از رمز متقارني استفاده مي شود كه خصلت جابجائي پذيري دارد . پروتكل زير نحوه ارسال پيام M را توسط فرستنده اي با كليد A به گيرنده اي با كليد سري B نشان مي دهد .

1- فرستنده M را با كليد خود رمز نموده و به گيرنده مي دهد .

$$C1=E_A(M)$$

2- گيرنده C1 را با كليد خود رمزنموده و به فرستنده ارسال مي نمايد .

$$C2=E_B(E_A(M))$$

3- فرستنده C2 را با كليد خود رمزگشائي مي نمايد و به طرف دوم مي دهد .

$$C3=D_A(E_B(E_A(M)))=D_A(E_A(E_B(M)))=E_B(M)$$

4-گيرنده C3 را رمزگشائي نموده و M را بازيابي مي نمايد .

به غير از پروتكل بيان شده روش هاي ديگري نيز وجود دارد كه در آن از رمزهاي متقارن براي تبادل پيام و كليد و با استفاده از كليدهاي خصوصي و عمومي استفاده مي شود .

نمونه زير براي ايجاد امنيت و احراز هويت در شبكه هاي كامپيوتري طرح شده و در آن يك كليد سري مشترك براي رمز نمودن يك كليد عمومي استفاده مي شود . در واقع دو طرف مبادله در يك كلمه عبور مشترك نظير P توافق مي نمايند.

1-فرستنده يك كليد تصادفي همانند K' را توليد نموده و آن را توسط يك الگوريتم متقارن و P به عنوان كليد خصوصي رمز نموده و $E_P(K')$ را به گيرنده مي فرستد .

2-گيرنده P را مي داند . بنابراين پيام را براي حصول K' رمزگشائي مي نمايد و سپس يك كليد جلسه تصادفي نظير K را توليد نموده و آنرا توسط كليدي كه از رمزگشائي بدست آورده رمز مي نمايد و مقدار $E_P(E_{K'}(K))$ را به فرستنده ارسال مي نمايد .

3-فرستنده مي تواند پيام را رمزگشائي نموده و K را بدست بياورد .

بنابراين دو طرف كليدهاي خصوصي طرف ديگر را در اختيار دارند و مي توانند توسط آن ارتباطي امن را برقرار نمايند .

برنامه رمزنگاري در ++C

در اين برنامه که از روش رمزگذاري جانشيني استفاده شده است ابتدا فايل test.txt را که در درايو C وجود دارد رمزنگاري نموده وسپس در فايل encrypts.txt که در درايو جاري برنامه ++C وجود دارد ذخيره مي سازد.

```
#include <iostream.h>
#include <conio.h>
#include <string.h>
#include <fstream.h>
#include <stdlib.h>
class encryptS{
   private:
           char eTable[26];
           char addressefile[128];
           int size;
           char size2[512];
           char *reshte;
           char* encrypt(char*);
   public:
           encryptS::encryptS();
           void gereftanejadval();
           char* getETable();
           void neveshtaneaddressefile(char [128]);
```

```cpp
        void emaletaghirat();
};
encryptS::encryptS(){
    reshte = new char[512];
    size = 512;
}
void encryptS::gereftanejadval(){
    int i;
    char ch;
    for (i=0 ; i<26 ; i++){
        ch = i + 97;
        cout << "Please enter the substitution character for " << ch << " >>>";
        cin >> eTable[i];
    }
}
char* encryptS::getETable(){
    return eTable;
}
void encryptS::neveshtaneaddressefile(char str[128]){
    strcpy(addressefile , str);
}
```

```cpp
void encryptS::emaletaghirat(){
    int i;
    ifstream ifs (addressefile);
    if ( ! ifs )
    {
        cout << "\n Couldn't open file : " << addressefile << endl;
        exit (0);
    }
    ofstream ofs("encryptS.txt");
    if ( ! ofs )
    {
        cout << "\n Couldn't open file : encryptS.txt " << endl;
        exit (0);
    }
    while ( !ifs.eof() ){
        ifs.getline(size2 , size);
        reshte = encrypt(size2);
        for (i=0 ; i<strlen(reshte) ; i++)
            ofs.put(reshte[i]);
    }
    ifs.close();
```

```
    ofs.close();
}
char* encryptS::encrypt(char *str){
    int i;
    int a;
    char ch;
    char *strResult = new char[512];
    for (i=0 ; i<strlen(str) ; i++){
        a = *(str+i);
        a -= 97;
        ch = eTable[a];
        *(strResult + i) = ch;
    }
    *(strResult + i) = '\n';
    return strResult;
}
class encodeS{
    private:
        char eTable[26];
        int size;
        char size2[512];
```

```cpp
        char *reshte;

        char* encode(char*);

    public:

        encodeS::encodeS();

        char getACharFromTable(char);

        void setETable(char [26]);

        void emaletaghirat();

};

encodeS::encodeS(){

    reshte = new char[512];

    size = 512;

}

char encodeS::getACharFromTable(char ch){

    int i;

    char chResult;

    for (i=0 ; i<26 ; i++)

        if (eTable[i] == ch){

            chResult = i+97;

            return chResult;

        }

    return chResult;
```

```cpp
}
void encodeS::setETable(char ch[26]){
    int i;
    for (i=0 ; i<26 ; i++)
            eTable[i] = ch[i];
}
void encodeS::emaletaghirat(){
    int i;
    ifstream ifs ("encryptS.txt");
    if ( ! ifs )
    {
            cout << "\n Couldn't open file : encryptS.txt " << endl;
            exit (0);
    }
    ofstream ofs("encodeS.txt");
    if ( ! ofs )
    {
            cout << "\n Couldn't open file : encodeS.txt " << endl;
            exit (0);
    }
    while ( !ifs.eof() ){
```

```
                ifs.getline(size2 , size);

                reshte = encode(size2);

                for (i=0 ; i<strlen(reshte) ; i++)

                        ofs.put(reshte[i]);

        }

    ifs.close();

    ofs.close();

}

char* encodeS::encode(char *str){

    int i;

    int a;

    char ch;

    char *strResult = new char[512];

    for (i=0 ; i<strlen(str) ; i++){

            ch = getACharFromTable(str[i]);

            *(strResult + i) = ch;

    }

    *(strResult + i) = '\n';

    return strResult;

}

class ecryptP{
```

```
private:
        char key[8];
        int sortedKey[2][8];
        char *table;
        char addressefile[128];
        int size;
        char size2[512];
        void khalikardanejadval();
public:
        ecryptP::ecryptP();
        void morattabsazieklid();
        void gereftaneklid();
        char* gereftanejadval();
        char* getKey();
        char* getSortedKey();
        void neveshtaneaddressefile(char [128]);
        void emaletaghirat();
};
ecryptP::ecryptP(){
    size = 512;
    table = new char[512];
```

```
}
void ecryptP::morattabsazieklid(){
    int i;
    int j;
    int k;
    int t;
    for (i=0 ; i<8 ; i++){
        sortedKey[0][i] = key[i];
        sortedKey[1][i]=i;
    }
    for (i=0 ; i<7 ; i++ )
        for (j=i+1 ; j<8 ; j++)
            if (sortedKey[0][i]>sortedKey[0][j]){
                for (k=0 ; k<1 ; k++){
                    t = sortedKey[k][i];
                    sortedKey[k][i]=sortedKey[k][j];
                    sortedKey[k][j]=t;
                }
            }
}
void ecryptP::gereftaneklid(){
```

```
    cout << "Please enter the key of the encryption >>>";
    cin>>key;
    morattabsazieklid();
}
char* ecryptP::gereftanejadval(){
    return table;
}
char* ecryptP::getKey(){
    return key;
}
void ecryptP::neveshtaneaddressefile(char str[128]){
    strcpy(addressefile , str);
}
void ecryptP::emaletaghirat(){
    int i;
    ifstream ifs(addressefile);
    if ( ! ifs )
    {
            cout << "\n Couldn't open file : " << addressefile << endl;
            exit (0);
    }
```

```
while (!ifs.eof()){

        ifs.getline(size2 , size);

        for (i=0 ; i<strlen(size2) ; i++)

                *(table + i) = size2[i];

        khalikardanejadval();

    }

}

void ecryptP::khalikardanejadval(){

    char ch;

    int i;

    int j;

    ofstream ofs("encodeP.txt");

    if ( ! ofs )

    {

        cout << "\n Couldn't open file : ecryptP.txt " << endl;

        exit (0);

    }

    for ( i=0 ; i<8 ; i++)

        for (j=sortedKey[1][i] ; j<512 ; j+=8)

                ofs.put(*(table+j));

    ofs.close();
```

```
}
class encodeP{
    private:
            char *table;
            char *key;
            char *sortedKey;
            char *addressefile;
            char *payam;
            int searchInKey(char);
    public:
            encodeP();
            void encode();
            void setKey(char*);
            void morattabsazieklid();
            void khalikardanejadval();
            void neveshtaneaddressefile(char *);
            void readFile();
};
encodeP::encodeP(){
    table = new char[512];
    key = new char[8];
```

```
        sortedKey = new char[8];

        payam = new char[512];

        addressefile = new char[128];

    }

    void encodeP::neveshtaneaddressefile(char *str){

        strcpy(addressefile , str);

    }

    void encodeP::setKey(char* k){

        key = k;

    }

    void encodeP::morattabsazieklid(){

        int i,j;

        char t;

        for (i=0 ; i<8 ; i++)

                sortedKey[i] = key[i];

        for (i=0 ; i<7 ; i++)

                for(j=i+1 ; j<8 ; j++)

                        if (sortedKey[i]>sortedKey[j]){

                                t= sortedKey[i];

                                sortedKey[i] = sortedKey[j];

                                sortedKey[j] = t;
```

```
                }
    }
    void encodeP::readFile(){
        ifstream ifs(addressefile);
        if ( ! ifs )
        {
                cout << "\n Couldn't open file : " << addressefile << endl;
                exit (0);
        }
        ifs.getline(payam ,512);
    }
    int encodeP::searchInKey(char ch){
        int i;
        for (i=0 ; i<8 ; i++)
                if (key[i] == ch)
                        return i;
        return 0;
    }
    void encodeP::encode(){
        int i;
        int j;
```

```
        int k;

        int m=0;

        char ch;

        for (i=0 ; i<8 ; i++){

                ch = sortedKey[i];

                j = searchInKey(ch);

                for (k=0 ; k<64 ; k++)

                        *(table+k*8+j) = *(payam + m++);

        }

}

void encodeP::khalikardanejadval(){

    int i;

    ofstream ofs(addressefile);

    if ( ! ofs )

    {

            cout << "\n Couldn't open file : " << addressefile << endl;

            exit (0);

    }

    for (i=0 ; i<512 ; i++)

            ofs.put(*(table+i));

}
```

```
void main(){
    clrscr();
    encryptS es;
    encodeS ds;
    ecryptP ep;
    encodeP dp;
    es.gereftanejadval();
    es.neveshtaneaddressefile ("c:\\test.txt");
    es.emaletaghirat();
    cout<<"\nEncrypted!!!"<<endl;
    ds.setETable(es.getETable());
    ds.emaletaghirat();
    cout<<"\nencodeed!!!"<<endl;
    ep.gereftaneklid();
    ep.neveshtaneaddressefile("c:\\test.txt");
    ep.emaletaghirat();
    cout<<"\nEncrypted!!!"<<endl;
    dp.neveshtaneaddressefile("ecryptP.txt");
    dp.setKey(ep.getKey());
    dp.morattabsazieklid();
    dp.readFile();
```

```
    dp.encode();

    dp.khalikardanejadval();

    cout<<"\nencodeed!!!"<<endl;

}
```

مدارهاي ساده رمزنگاری

مدار رمز گشا (Decoder)

مدار دي كدر مداري است كه داراي n خط ورودي و حداكثر 2 خط خروجي است كه بر حسب تركيب باينري موجود در وروديها فقط يكي از خروجيها فعال خواهد شد.

مثلا مدار رمز گشاي 4 ← 2 (2 به 4) بصورت زير ميباشد:

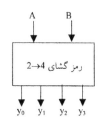

A	B	y_0	y_1	y_2	y_3
0	0	1	0	0	0
0	1	0	1	0	0
1	0	0	0	1	0
1	1	0	0	0	1

رمز گشای 4←2

y_0 y_1 y_2 y_3

$$y_0 = \overline{A}\,\overline{B} \qquad y_1 = \overline{A}B \qquad y_2 = A\overline{B} \qquad y_3 = AB$$

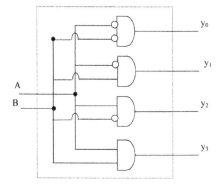

در مدارات منطقي مي‌توان فعال بودن يك سيگنال را به «1» يا «0» تعبير كرد. مثلاً در مدار رمز گشاي $2 \to 4$ مي‌توانيم بگوئيم برحسب تركيب باينري ورودي، يكي از خروجي‌ها صفر و بقيه «1» باشند. در اين صورت جدول درستي و مدار آن بصورت زير درخواهد آمد.

يعني خروجي‌ها NOT خروجي‌هاي قبلي هستند پس كافي است در مدار فوق ANDها را به NAND تبديل كنيم:

A	B	$\overline{y_0}$	$\overline{y_1}$	$\overline{y_2}$	$\overline{y_3}$
0	0	0	1	1	1
0	1	1	0	1	1
1	0	1	1	0	1
1	1	1	1	1	0

به مداراتی که سیگنال "1" سیگنال فعال می‌باشد، مدارات High Active و به مداراتی کـه سـیگنال "0" سیگنال فعال می‌باشد، مدارات Low Active گویند.

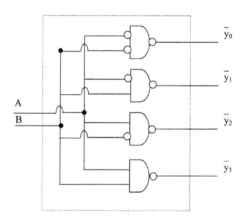

سيگنالهاي Low Active را با خطي كه بر روي نام آن‌ها مي‌كشند مشخص مي‌سازند. مثلا در مدار فوق نامهاي $\overline{y}_0$,$\overline{y}_1$,$\overline{y}_2$,$\overline{y}_3$ نشان مي‌دهند كه سيگنالهاي خروجي Low active هستند.

شما بعنوان تمرين مي‌توانيد مدار دي كدر Low active سه به هشت را طراحي كنيد.

در بسیاري از آي سي‌ها سیگنالي کنترلي وجود دارد که به کمك آن مي‌توان کل مدار را غیر فعال یا خاموش کرد. به این سیگنال Enable, Strobe یا Chip Select (CS مي‌گویند. این سیگنال مي‌تواند Low active یا High Active باشد.

مثلا شکل مدار دي کدر 2 به 4 که خروجي‌هاي آن High Active و سیگنال کنترلي $\overline{\text{Enable}}$ آن Low active است بصورت زیر مي‌باشد:

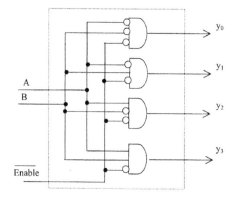

اگر سیگنال $\overline{\text{Enable}}$ برابر 1 باشد تمام ANDها از کار افتاده و مدارخروجي ندارد و اگر این سیگنال صفر باشد ANDها کار خود را انجام مي‌دهند.

کاربرد اصلي دي کدرها در مدارات کامپیوتري آدرس دهي به خانه‌هاي حافظه است. بوسیله n خط آدرس در کامپیوتر (با نامهاي $A_{n-1,}, ..., A_2, A_{1,} A_0$ مي‌توان 2 خانه حافظه را آدرسص دهي کرد.

مثلا در کامپیوتري فرضي با 8 خانه حافظه، براي آدرس دهي از 3 خط آدرس و يك ديكدر 3 به 8 استفاده ميشود.

3
4

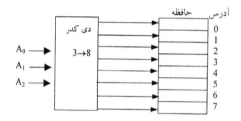

به كمك پايه E (Enable) ميتوان IC هاي ديكدر را به گونهاي به هم وصل كرد كه يك دي كدر بزرگتر بدست آيد. مثلا در شكل زير دو ديكدر 3×8 به گونهاي به هم متصل شدهاند كه تشكيل يك ديكدر 4×16 را دادهاند:

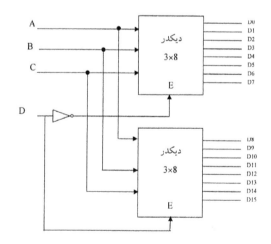

در شکل فوق هنگامي که $D=0$ باشد، ديکدر بالايي فعال و پاييني غيرفعال مي‌گردد. بدين ترتيب

ديکدر بالايي مينترم‌هاي 0000 تا 0111 را در 8 خروجي D_0 تا D_{15} توليد مي‌کند.

به طور کلي ورودي‌هاي Enable ابزار مناسبي در اتصال دو يا چند IC به همديگر، جهت توسعه

توابع منطقي يا ورودي و خروجي‌هاي بيشتر مي‌باشند.

مثال ۱: يک ديکدر $32 \rightarrow 5$ با چهار ديکدر $8 \rightarrow 3$ و يک ديکدر $4 \rightarrow 2$ طراحي کنيد.

حل: براي سري نمودن ديکدرهاي فوق نياز به ورودي فعال‌ساز E براي هر ديکدر است. شکل

زير بلوک دياگرام ديکدر طراحي شده را نشان مي‌دهد.

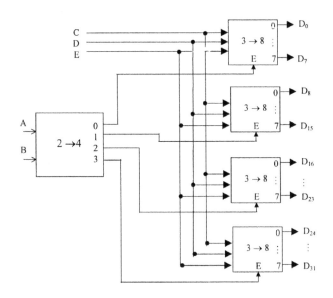

پياده‌سازي مدارهاي ترکيبي با ديکدر

يكي از كاربردهاي دي‌كدرها، پيادەسازي مدارات تركيبي است. يك دي‌كدر $n \to 2^n$ با n ورودي داراي 2^n خروجي است كه اگر خروجي‌هاي دي‌كدر در حالت فعال يك باشند، هر خروجي معادل با يك مينترم و اگر خروجي‌هاي دي‌كدر در حالت فعال صفر باشد، هر خروجي معادل با يك ماكسترم است.

از آنجا كه هر تابع منطقي از جمع مينترم‌ها و يا حاصل ضرب ماكسترم‌ها تشكيل شده است، مي توان آن تابع را با دي‌كدر پيادەسازي كرد. براي اين پيادەسازي 4 حالت مختلف امكان‌پذير است كه آنها را با مثال زير بيان مي‌كنيم.

مثال 2: با استفاده از دي‌كدر تابع زير را پيادەسازي كنيد:

$$f(A,B,C)=\sum 0,2,3,5,6=\Pi 1,4,7$$

روش اول: به كمك دي‌كدر با خروجي‌هاي actie-high و يك گيت OR با توجه به فرمول زير:

$$f(A,B,C)=m_0+m_2+m_3+m_5+m_6$$

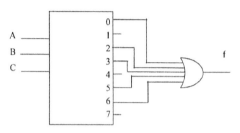

روش دوم : به کمک دی‌کدر با خروجی‌های active-low و یک گیت AND با توجه بـه فرمـول

زیر:

$$f(A,B,C) = \overline{\overline{m_1}.\overline{m_4}.\overline{m_7}}$$

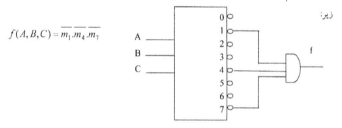

روش سوم : به کمک دی‌کدر با خروجی‌های active-high و یک گیت NOR با توجه به فرمـول

زیر:

$$f(A,B,C) = \overline{m_1 + m_4 + m_7}$$
$$= \overline{m_1}.\overline{m_4}.\overline{m_7}$$

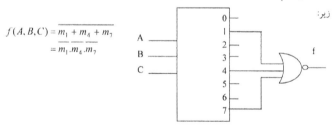

روش چهارم: به کمک دی‌کدر با خروجی‌هاي active-low و یك گیت NAND با توجه به فرمول

زیر:

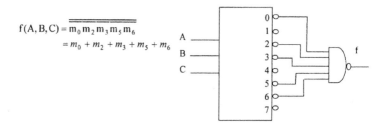

$$f(A,B,C)=\overline{\overline{m_0}\,\overline{m_2}\,\overline{m_3}\,\overline{m_5}\,\overline{m_6}}$$
$$=m_0+m_2+m_3+m_5+m_6$$

4

مدار رمز کننده Encoder

این مدار عکس عمل مدار رمزگشا را انجام می‌دهد. یعني مدراي است با n خروجي و 2^n ورودي که در ان فقط یکي از ورودیها فعال بوده و بقیه غیرفعال هستند. برحسب آنکه کدام ورودي فعال است، ترکیب باینري خروجیها مشخص می‌گردد.

مثلاً مدار Encoder چهار به دو $(4 \to 2)$ بصورت زیر می‌باشد.

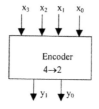

x_3	x_2	x_1	x_0	y_1	y_0
0	0	0	1	0	0
0	0	1	0	0	1
0	1	0	0	1	0
1	0	0	0	1	1
بقیه حالات باینری بی‌اهمیت				×	×

بنا به جدول فوق داریم:

$$y_0=x_1+x_3 \quad , \quad y_1=x_2+x_3$$

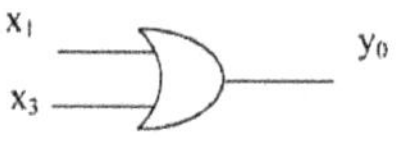

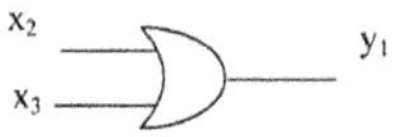

ایراد اصلي مدار فوق آن است که طبق تعريف مي‌بايست فقط يکي از ورودي‌هاي x در هر لحظه فعال باشد. حال اگر به صورت ناخواسته مثلاً x_1 و x_2 با هم فعال شوند آنگاه $y_0y_1 = 11$ شده و اينگونه تفسير مي‌شود که فقط x_3 فعال بوده است. به عبارتي ديگر جدول درستي فوق با 4 ورودي داراي 16 حالت است که 12 حالت آن بي اهميت است و اگر يکي از آن 12 حالت ناخواسته رخ دهد مدار اشتباهي عمل مي‌کند.

براي رفع مشکل فوق (تا حد زيادي و نه کامل) مي‌توان تابع y_0 و y_1 را به صورتهاي زير در نظر گرفت:

$$y_0 = \overline{x_3\ x_2\ x_1}\ \overline{x_0} + x_3\overline{x_2x_1x_0} \qquad y_1 = \overline{x_3}x_2\overline{x_1x_0} + x_3\overline{x_2x_1x_0}$$

بديت ترتيب شکل مدار رمزگذار $2 \to 4$ بصورت زير خواهد بود:

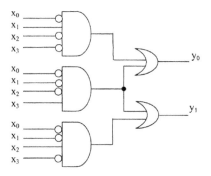

ايراد مدار فوق آن است كه اگر به صورت ناخواسته هر يك از 12 حالت بياهميت رخ دهد خرپوجي مدار $y_0 y_1 = 00$ ميشود، مثلاً اگر $x_1 = x_2 = 1$ و $x_0 = x_3 = 0$ باشند، هر دو خروجي y_0 و y_1 همزمان صفر ميشوند و اين حالت ممكن است اينگونه تفسير شود كه $x_0 = 1$ همزمان صفر ميشوند و اين حالت ممكن است اينگونه تفسير شود كه $x_0 = 1$ بوده و بقيه وروديها صفر هستند. بنابراين براي رفع مشكلات فوق از مدار رمزگذار با تقدم كه جلوتر شرح ميدهيم استفاده ميگردد.

يكي از كاربردهاي مدار رمزگذار تبديل كدهاي دهدهي به كد 4 بيتي BCD است يعني مدار زير كه ميتوانيد به عنوان تمرين آن را طراحي كنيد.

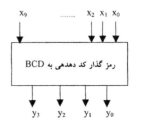

رمزگذار با اولويت (Priority)

به خاطر آنكه وروديهاي Encoder قابل كنترل نيست و ممكن است در يك حالت بيش از يك ورودي فعال شود. اغلب از انكودرهاي با اولويت استفاده ميگردد. در رمزگذار اولويتدار، براي وروديهاي تقدم و اولويت تعيين ميكنند و موقعي كه بيش از يك ورودي فعال شود، تنها كد

ورودي با اولويت بالاتر به خروجي ارسال ميگردد. همچنين ميتوان يك خروجي V نيز به

معناي معتبر بودن خروجي داشت كه L بودن آن به اين معناست كه حداقل يكي از وروديهاي

فعال است و اگر اين خروجي V مساوي صفر باشد يعني هيچكدام از وروديها فعال نميباشند.

بنابراين جدول درستي انكودر اولويتدار $2 \rightarrow 4$ به صورت زير خواهد بود: (x_3 بالاترين

اولويت را دارد)

x_3	x_2	x_1	x_0	y_1	y_0	V
1	×	×	×	1	1	1
0	1	×	×	1	0	1
0	0	1	×	0	1	1
0	0	0	1	0	0	1
0	0	0	0	×	×	0

$$y_0 = \Sigma(8,9,10,11,12,13,14,15,2,3)$$

$$y_1 = \Sigma(8,9,10,11,12,13,14,15,4,5,6,7)$$

جول كارنوي y_0 و y_1 به شيوه سطري به صورت زير ميباشد :

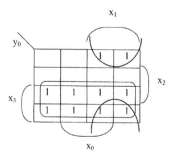

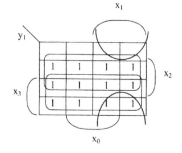

$$y_0 = x_3 + x_1\overline{x}_2$$

$$y_1 = x_2 + x_3$$